U0067137

市民社會
Civil Society

鄧正來◎著

出版緣起

　　社會如同個人，個人的知識涵養如何，正可以表現出他有多少的「文化水平」（大陸的用語）；同理，一個社會到底擁有多少「文化水平」，亦可以從它的組成分子的知識能力上窺知。眾所皆知，經濟蓬勃發展，物價生活改善，並不必然意味著這樣的社會在「文化水平」上也跟著成比例的水漲船高，以台灣社會目前在這方面的表現上來看，就是這種說法的最佳實例，正因為如此，才令有識之士憂心。

　　這便是我們——特別是站在一個出版者的立場——所要擔憂的問題：「經濟的富裕是否也使台灣人民的知識能力隨之提升了？」答案

恐怕是不太樂觀的。正因為如此，像《文化手邊冊》這樣的叢書才值得出版，也應該受到重視。蓋一個社會的「文化水平」既然可以從其成員的知識能力（廣而言之，還包括文藝涵養）上測知，而決定社會成員的知識能力及文藝涵養兩項至為重要的因素，厥為成員亦即民眾的閱讀習慣以及出版（書報雜誌）的質與量，這兩項因素雖互為影響，但顯然後者實居主動的角色，換言之，一個社會的出版事業發達與否，以及它在出版質量上的成績如何，間接影響到它的「文化水平」的表現。

　　那麼我們要繼續追問的是：我們的出版業究竟繳出了什麼樣的成績單？以圖書出版來講，我們到底出版了那些書？這個問題的答案恐怕如前一樣也不怎麼樂觀。近年來的圖書出版業，受到市場的影響，逐利風氣甚盛，出版量雖然年年爬昇，但出版的品質卻令人操心；有鑑於此，一些出版同業為了改善出版圖書的品質，進而提升國人的知識能力，近幾年內前後也陸陸續續推出不少性屬「硬調」的理論叢

書。

這些理論叢書的出現，配合國內日益改革
與開放的步調，的確令人一新耳目，亦有助於
讀書風氣的改善。然而，細察這些「硬調」書
籍的出版與流傳，其中存在著不少問題。首
先，這些書絕大多數都屬「舶來品」，不是從
歐美「進口」，便是自日本飄洋過海而來，換
言之，這些書多半是西書的譯著。其次，這些
書亦多屬「大部頭」著作，雖是經典名著，長
篇累牘，則難以卒睹。由於不是國人的著作的
關係，便會產生下列三種狀況；其一，譯筆式
的行文，讀來頗有不暢之感，增加瞭解上的難
度；其二，書中闡述的內容，來自於不同的歷
史與文化背景，如果國人對西方（日本）的背
景知識不夠的話，也會使閱讀的困難度增加不
少；其三，書的選題不盡然切合本地讀者的需
要，自然也難以引起適度的關注。至於長篇累
牘的「大部頭」著作，則嚇走了原本有心一讀
的讀者，更不適合作為提升國人知識能力的敲
門磚。

　　基於此故，始有《文化手邊冊》叢書出版
之議，希望藉此叢書的出版，能提升國人的知
識能力，並改善淺薄的讀書風氣，而其初衷即
針對上述諸項缺失而發，一來這些書文字精簡
扼要，每本約在六至七萬字之間，不對一般讀
者形成龐大的閱讀壓力，期能以言簡意賅的寫
作方式，提綱挈領地將一門知識、一種概念或
某一現象（運動）介紹給國人，打開知識進階
的大門；二來叢書的選題乃依據國人的需要而
設計，切合本地讀者的胃口，也兼顧到中西不
同背景的差異；三來這些書原則上均由本國學
者專家親自執筆，可避免譯筆的詰屈聱牙，文
字通曉流暢，可讀性高。更因為它以手冊型的
小開本方式推出，便於攜帶，可當案頭書讀，
可當床頭書看，亦可隨手攜帶瀏覽。從另一方
面看，《文化手邊冊》可以視為某類型的專業
辭典或百科全書式的分冊導讀。

　　我們不諱言這套集結國人心血結晶的叢書
本身所具備的使命感，企盼不管是有心還是無
心的讀者，都能來「一親她的芳澤」，進而藉

此提升台灣社會的「文化水平」，在經濟長足
發展之餘，在生活條件改善之餘，國民所得逐
日上升之餘，能因國人「文化水平」的提升，
而洗雪洋人對我們「富裕的貧窮」及「貪婪之
島」之譏。無論如何，《文化手邊冊》是屬於
你和我的。

孟樊

一九九三年二月於台北

目　錄

引　言

　　市民社會理念（idea of civil society）於二
十世紀下半葉的復興與拓深，幾近形成了一股
可以被稱之為全球性的「市民社會思潮」。然
而值得我們注意的是，論者們所要復興的並不
是同一種市民社會概念：他們或援用洛克的社
會先於國家因而國家受制於其對社會的承諾的
觀點，或訴諸孟德斯鳩以及承繼了孟氏的托克
維爾的分立自治及相互制衡的觀點（即指社會
由其政治社會予以界定，但作為政治社會的強
大的君主制卻必須受制於法治，而法治則需要
由那種按照權力分立原則確立起來的「中間機
構」加以捍衛的觀點），或採用將洛克和孟德

斯鳩的觀點融入其思想的黑格爾的觀點（即認
為具有個殊性的市民社會獨立於國家，但在倫
理上並不自足，從而需要代表普遍利益的國家
對其加以救濟的觀點），或徵引馬克思將黑格
爾觀點頭足倒置而形成的基礎（市民社會）決
定上層建築（含國家和意識形態）的觀點，以
及主要接受黑格爾觀點並對馬克思「市民社會
－國家」框架進行修正並在「基礎－上層建築」
這一基本命題以外的上層建築內部提出一個關
鍵的次位命題即「市民社會－國家」關係的觀
點，或依據哈伯瑪斯所闡發的那種憑藉非馬克
思思想資源但卻對市民社會做出民主闡釋的新
馬克思主義觀點，等等不一而論。這種情況的
發生，一是因為市民社會思想發展之脈絡在歷
史上太過龐雜且缺乏系統的市民社會理論[1]以
及在不同的歷史階段市民社會理論所標示的側
重點的差異，二是因為當下的論者或行動者往
往都是根據一己的目的而擇取其所需要的理論
資源的[2]。顯而易見，我們不可能在這本小書
中對上述所有的觀點都進行討論；因此，我們

將把本書的重點放在下述三個方面：第一，市
民社會理念的復興；在這個部分，我們擬對市
民社會理念復興的原因以及此一理念在不同國
家尤其是在漢語世界不同地區的復興形態進行
討論，並透過這方面的討論間接地探及這些不
盡相同的復興形態賴以為憑的不同的政治文化
傳統和這些國家或地區旨在解決的不同的問
題。第二，「市民社會與國家」觀念的歷史透
視；這一部分將探討市民社會理念在歷史過程
中的型構，並著重討論「洛克式」市民社會與
國家的理論架構和「黑格爾式」國家與市民社
會的理論架構，以期揭示出當下市民社會理念
的基本淵源。第三，中國大陸的市民社會研
究；我們將在這裏對市民社會研究的背景以及
其間關注的核心問題展開討論，試圖透過這一
努力而指出該項研究當中所存在的問題。

第一章
市民社會理念的復興

一、市民社會理念復興的原因

　　驅動市民社會理念於當下復興的原因相當
繁複，然而其間一個較為深久的原因，在我看
來，主要是十九世紀與二十世紀之交初顯並於
二十世紀中葉熾盛的形形色色的「國家主
義」，亦即國家在現實世界中以不同的形式、
從不同的路向對市民社會的滲透或侵吞——比
如說，公法對私法的不斷滲透、以「社會正義」
或分配正義為幌子而對個人自由的干涉和侵

犯。[3]為了對這種猖獗的「國家主義」趨勢做
出回應，人們開始重新訴諸市民社會理念，力
圖對國家與社會間極度的緊張關係做出檢討、
批判和調整，並且透過對市民社會的重塑和捍
衛來重構國家與社會間應有的良性關係。因
此，論者們在當下所要復興的市民社會理念，
在很大程度上講，套用查爾斯‧泰勒的話說，
「並不是那個使用了數個世紀的、與『政治社
會』具有相同涵義的古老概念，而是體現在
黑格爾哲學之中的一個比較性概念。此一意義
上的市民社會與國家相對，並部分獨立於國
家。它包括了那些不能與國家相混淆或者不能
為國家所淹沒的社會生活領域」[4]；當然，我
們也可以在下述學者的觀點中看到與此相類似
的回應：約翰‧基恩（John Keane）力圖透過
捍衛市民社會與國家間的界分來推進歐洲社會
主義的民主化；密歇爾‧華爾澤（Michael
Walzer）則建議用市民社會的理念來統攝社會
主義的、資本主義的和民族主義的理想；丹
尼‧貝爾（Daniel Bell）更是呼籲在美國復興

市民社會，以此作為抵禦日益擴張的國家科層制[5]。

　　然而，促使市民社會理念復興運動的較為直接的導因，則是東歐及前蘇聯等國家為擺脫集權式統治而展開的社會轉型的改革過程；雅克‧拉尼克（Jacqaes Rupnik）曾經將1968年至1978年間波蘭的政治發展概括為「修正主義的終結與市民社會的再生」，或者說，乃是依憑市民社會理念展開的自下而上的努力鬥爭的結果[6]；愛德華‧希爾斯則認為，這是市民社會觀念浮現的結果，因為集權式國家在消解市民社會的同時卻無力根除市民社會觀念本身，「正如魔鬼的觀念在企圖限制並剝奪魔鬼一切權力的神學中得以保存下來一樣。」[7]此處需要強調指出的是，實際上絕大多數西方的思潮流派都視東歐諸國及前蘇聯的「社會轉型」為西方價值、理念和制度的勝利[8]；這一判斷的深層預設，就市民社會而言，乃是指以西方市民社會經驗或市民社會觀念為基礎而型構出來的國家與社會關係模式是那種可以跨越空間、

超越文化或傳統的具有普世效度（universal
validity）的結構性框架。正是立基於這一預
設，市民社會被認為不僅僅是一種可以用來對
抗或抵禦暴政、集權式統治的必要的手段，而
且還是一種應被視為當然的目的[9]。這種將市
民社會不僅視為手段而且還設定為目的的觀
點，其要害在於市民社會理念的運用並不會因
「後共產主義」的到來而終止，相反將在由此
向真正民主自由的市民社會的邁進過程中得到
持續的運用。

　　的確，市民社會理念乃是憑藉著諸種擺脫
集權式統治的運動以及種種「新社會運動」
（new social movements）而得以復興的，而且
還在此一基礎之上形成了「市民社會話語」，
但是，自此以後，市民社會的理念卻依據這種
知識自身所具有的相對自主的邏輯或者說在某
種意義上脫離了其直接賴以出現的成因而逐漸
形成了種種新的理論研究的努力。這在理論研
究領域中具體表現為種種相對獨立的知識典範
的建構。哈伯瑪斯從「新左派」的立場出發對

資產階級「公共領域」（public shpere）的結構
進行了重新解釋，亞歷山大從文化理論的角度
對市民社會話語做出了個案性分析，馬修從帕
森斯社會學理論出發但根據其自己對它的修正
而提出了新的「社會團結或凝聚性」理論，而
泰勒則從社團自治或民主主義的立場出發對黑
格爾式市民社會觀做出了重構等等；所有這些
努力無疑都是知識範式建構方面的典範，[10]但
是從目前的情勢來看，這些努力還很難說是市
民社會系統理論的建構；真正在這方面做出貢
獻的是英國學者約翰·基恩於1988年出版的
*Democracy and Civil Society*和美國學者科恩與
阿雷托於1992年出版的*Civil Society and
Political Theory*。僅如科恩和阿雷托在其書的
導言中所宣稱的，「儘管市民社會『話語』不
斷擴散，市民社會概念本身亦不斷增多，但迄
今為止還沒有人發展出一種系統的市民社會理
論，而本書便是要開始建構此一系統理論的努
力。然而，系統理論的建構，卻不能直接出自
於行動者的自我理解，但行動者則很可能需要

那種對行動的種種可能性和局限性做出的較遠
距離且較富批判力的檢視所產生的結果。此類
理論必須與相關的理論論爭的發展具有內在勾
連。」[11]當然，由於研究者在建構理論時的取
向不同，同時又由於市民社會理念本身所具有
的開放性與包容性，人們在形成諸種新理論的
過程中表現出了不盡相同的意圖，僅哈伯瑪斯
的「公共領域」理論就可以概括出兩種意圖：
哈伯瑪斯試圖從社會與歷史的角度出發將實際
歷史經驗歸類為若干公共領域模式，並認為資
產階級公共領域只是其中一種類型；但是，哈
氏又是道德與政治哲學家，所以他的另一個意
圖在於對當代政治的批判，因此他所謂的資產
階級公共領域便又構成了他據以批判當代社會
的一個抽象判準。[12]

二、市民社會理念在西方漢學界的復興

　　中國學界（主要指西方漢學界、中國大陸

和臺灣知識界）乃是在八〇年代下半葉開始引
入市民社會理念的。然而，三方的學者之所以
援用市民社會理念，其原因除了受東歐和前蘇
聯國家擺脫集權式統治的某種成功「示範」以
及受西方市民社會話語的影響以外，在我看
來，還有著他們各自的原因。這些原因與三地
的社會政治經濟環境緊密勾連，而正是在不盡
相同的環境之中，三地的論者們形成了他們彼
此不同的問題結構以及他們各自的取向或訴
求，從而也就相應地表現為他們對市民社會的
不同理解。

　　眾所周知，五、六〇年代主導西方漢學家
（這裏主要是指美國漢學界）的歷史解釋模式
主要是源自西方現代化理論（最為典型的是馬
克思‧韋伯的中華帝國靜止觀）的「傳統」中
國與「現代」西方的對立模式；此種模式認為
中國在與西方接觸之前是停滯的，或只是在
「傳統範圍」內發生變化。正是在這種模式的
基礎上衍生出了以費正清為首的哈佛學派所主
張的「西方衝擊—中國回應」模式[131]，其內在

理路表現為：既然中國內部不具有發生變化的
動力，那為這種動力就只能是來自外部。然
而，此一模式由於受到全球革命熱潮的影響而
在六〇年代以後不斷遭到質疑，遂形成中國近
現代史解釋的新模式，即所謂「革命」模式
[14]。在「革命」模式的影響下，不僅近代中國
史是圍繞革命史這個中心來撰寫的，甚至那些
並非專門研究革命問題的論著也以革命成就為
標準，據此解釋和評價其他歷史問題。毋庸置
疑，在絕大多數論著中，革命是依其成就而被
正面評價的，因為「革命論」認為，所謂「西
方衝擊」只是在為帝國主義的侵略和當時美國
侵略越南的行徑做辯護；但是從另一方面來
看，「革命卻給中國引進了一種新型政治，使
遠比此前為多的人們得以參與政治，……它將
人們從過去的被壓迫狀態中解放出來，並使他
們擺脫了傳統的思想奴役。革命使中國擺脫了
帝國主義，並轉變為一個現代主權國家。革命
還清除了或由歷史形成的，或由近代帝國主義
導致的種種發展障礙，解決了發展問題。」[15]

　　然而，這一試圖替代「西方衝擊─中國回應」觀的「革命」歷史解釋模式，又於八〇年代在一個方面因受全球性的對「革命」的否定思潮以及中國內部對「文化大革命」予以否定的趨勢的影響而開始遭到質疑[16]，而在另一個方面則因社會史的拓深研究而受到了挑戰。一如我們所知，在社會史的研究中，近年來逐漸形成了一種「早期現代」（early modern）的概念，持這一觀念的學者不僅否定了「革命」模式而且也動搖了「停滯的中華帝國」的模式。在信奉「早期現代」概念的學者當中，最具影響的便是那些轉而接受市民社會理念──更準確地說是哈伯瑪斯的「公共領域」的概念──的論者，他們試圖建構起對中國歷史經驗做重新解釋的「公共領域／市民社會」典範，例如，瑪莉・芮金（Mary Rankin）透過對晚清浙江的公共領域的精英能動主義的分析，羅威廉透過對晚清漢口地區商人的區別於「祖籍認同」（native identity）的「本地認同」（locational identity）而形成的市民社會的探究，以

及大衛・史川德（David Strand）透過對民國
時期北京種種作為參與政治的新領域的「非國
家活動」的研究[17]等等；這些研究大體上都傾
向於認為，在清代，隨著地方士紳或地方精英
（local elits）日益捲入公共事務以及市民社會
團體的逐漸擴張，各種地方勢力業已呈現出某
種獨立於國家而維護社會的自主性，這種趨勢
到了民初更顯明確，且具實力的各種社會組織
在公共領域中不斷聲張其地方或成員的利益。
這種觀點以一個社會具有自身的發展邏輯為出
發點，認為中國在明清乃至民初的時候就出現
了大規模的商品化，而這種商品化又肯定引發
了經濟的、社會的和政治的種種變化；頗為不
幸的是，只是這種種變化的趨勢後來因帝國主
義的侵略和對抗這種侵略的革命而被打斷了。

　　美國漢學家援用「市民社會／公共領域」
的理念對中國社會所進行的研究，雖說不乏對
當代中國改革進程中的社會自主性拓展的關照
[18]，然而一如前述，其間最為突出的貢獻仍是
由一些頗有見地的漢學史家在重新解釋清末民

初中國史的區域研究領域中做出的。他們在運
用「市民社會／公共領域」模式研究中國史的
過程中，最重要的關懷相對來講並不在於中國
將如何發展，而在於描述中國在歷史上是如何
發展的和解釋中國在歷史上為什麼會如此發
展。[19] 這種關懷本身的規定性，導使他們在內
在的取向上更傾向於將其側重點放在回答應當
如何描述和解釋中國史的問題上，因此他們的
討論在很大程度上也就表現為對歷史解釋模式
的論辯[20]；極具反諷的是，原本認為能夠更為
有效地被用來解釋歷史的模式，卻在模式與模
式之間的論辯中需要用被這種模式重新組合的
歷史去證明它的有效性；這可以說是對中國歷
史採取了一種幾近非歷史的態度，亦即將理論
解釋模式與歷史的緊密勾連解脫或者將理論解
釋模式「強加」給歷史[21]。當然，由於這個問
題涉入了歷史闡釋中更為基本的知識論及方法
論的題域，此處不宜詳論，但這裏需要強調指
出的是，援用「市民社會／公共領域」模式的
漢學史家基本上是站在作為社會學家和歷史學

家的哈伯瑪斯一邊的，而沒有認識到或至少是
忽略了作為道德和政治批判家的哈伯瑪斯的意
義[22]；據此我們可以說，正是上述所論構成了
他們的理論訴求，亦即他們在較大的程度上是
將「市民社會／公共領域」首先作為一種理論
解釋模式或判準加以接受的——透過「市民社
會／公共領域」模式的援用以替代此前的中國
歷史解釋模式或替代此前裁斷中國歷史的判
準。

三、市民社會理念在中國大陸和臺灣的
　　復興

　　在市民社會復興之全球風潮的影響下以及
蘇聯東歐國家透過市民社會的「復興」而有效
形成的制度轉型所為生的「示範」下，中國大
陸和臺灣的論者也開始援用西語世界中的civil
society之理念。此一術語在大陸被譯作「市民
社會」，在臺灣則被譯作「民間社會」；當

然，大陸論者與臺灣論者在援用市民社會理念
時也因他們所面對的社會政治經濟境況的不同
而在觀點上表現出了種種區別，並且逐漸在八
○年代末和九○年代初形成了各自的市民社會
話語。然而，我們在這裏首先需要強調的是大
陸和臺灣的論者與美國漢學家所置身於其間的
社會境況的不同：大陸社會自1978年始啟動了
一種可以被稱之為「社會自主化」的進程，而
臺灣則是處在以經濟自由化、社會自主化和日
漸實現的政治自由化的基礎上力圖達致政治民
主化的階段；而且，正是大陸論者與臺灣論者
經由對各自置身於其間的這種社會境況的體認
而形成的一種強烈的本土關懷，使他們無論在
對市民社會的理解上還是在援用市民社會理念
的取向以及由此形成的市民社會觀念的品格方
面都與西方漢學家有很大的不同。就這一點而
言，西方漢學家所側重的並不是市民社會概念
的非實證的理念層面，而是其實證的層面，然
而對於中國大陸和臺灣論者來講，最為重要的
卻顯然是其間的非實證的理念層面；因此，他

們在援用市民社會理念時所反映出來的首要意
圖便是對現實社會的批判並旨在實現社會的現
實變革。我曾試圖對大陸論者援用市民社會理
念的意義加以概括，「這股思潮之於中國，乃
是一種含有現實批判性的汲取性創新，因此基
於現實層面的目標則標示為建構經驗歷史及思
想歷史全不知曉的國家與市民社會的關係的努
力，其任務當然是首先建構起中國的市民社會
……」[23]；而臺灣的情況，則如江迅和木魚所
指出的那樣，「提出『民間哲學』或『民間社
會理論』，並不是一味翻版西方最新學說，而
是基於我們對過去歷史實踐的反省，以及對理
論在實踐過程中的種種偏逸、異化、乃至形成
『非人性化』的『真理政權』的失望與覺悟…
…」[24]。

　　如果我們從更為具體的角度來看，那麼我
們就可以對臺灣政治經濟在當時的基本問題做
如下的概述：(1)國際人格的缺失，造成自我
認同的不確定性，進而造成了認同上的危機；
(2)臺灣與大陸的長期隔絕，致使國民黨當局

形成了一種深層的恐共心態，於現實層面則表現為對臺灣社會自主化發展的一種環境限制；(3)國民黨政教合一的威權政治結構，經七〇至八〇年代各種運動的衝擊而於1987年趨於解體，但當時還未達致全部的民主化；(4)臺灣經濟發展對發達國家的依賴，致使臺灣無從獲致經濟上的自主性。[25]然而，臺灣民間社會論者卻認為，上述問題雖說構成了臺灣政經體制危機的根本癥結，但是從民間社會的視角來看，問題的核心卻在於，亦即「民間哲學所追尋的，是力求客觀現實能緊隨理論的逐步實踐而有所改變；上述四大問題，如果我們不再把它們化約成四個終極目標，而細分為無數個實踐階段，那麼最有力的物質憑藉及實踐主體，必然會落回到民間自發力量的成長上。」[26]當然，從更深的層面來看，他們的最終目標仍是解體威權政治架構和確立民主政治制度。

大陸的一些市民社會論者則以為，中國現代化始終面臨著一個嚴峻的結構性挑戰：作為現代化的「遲－外發型」國家，中國必須作出

相當幅度的政治和社會結構調整，以容納和推
進現代化的各種發展。在這一結構的調整過程
中，需要解決的核心問題乃是如何改造傳統的
政治結構和權威形態，使其在新的基礎上重新
獲致合法性並轉換成具有現代化導向的政治核
心。然而，正是這一結構性挑戰構成了中國現
代化的兩難困境。在學理上講，上述轉型過程
的順利進行，必須在一方面要避免立基於原有
結構的政治權威在變革中過度流失，從而保證
一定的社會秩序和政府動員的能力；而在另一
方面為了保證這種權威真正具有「現代化導
向」，就必須防止轉型中的權威因其不具有外
部制約或社會失序而發生某種「回歸」。在歷
史經驗上看，上述兩個條件可以說構成了中國
現代化過程中相倚的兩極：政治變革導致了傳
統權威的合法性危機，進而引發了社會結構的
解體和普遍的失範，而作為對這種失序狀態的
回應，政治結構往往向傳統回歸，而這又使政
治結構的轉型胎死腹中。這種歷史上出現的兩
極徘徊在當代則演變為「一放就亂，一亂就

統，一統就死」的惡性循環。因此，大陸市民
社會論者所關注的核心問題是：究竟應當以怎
樣的認知方式來看待中國現代化的這一兩難癥
結[27]以及如何在理論上建構中國實現（包括政
治民主化在內的）現代化的良性的結構性基
礎。

　　顯而易見，上述大陸論者與臺灣論者經由
強烈的本土現實關懷而設定的問題（即政治民
主化或包括政治民主化在內的現代化問題）基
本上是相同的，因而他們在市民社會題域中所
關注的核心問題也主要集中在「市民社會與國
家」關係的問題上面，或者說，他們基本上都
是在「市民社會與國家」的框架下探討那些核
心問題的。當然，正是這種問題的設定以及解
釋框架的確立在某種意義上規定了他們思維的
邏輯起點，亦即他們都力圖打破此前盛行的自
上而下的精英式思維路向：這在大陸表現為對
「新權威主義」及「民主先導論」的精英式思
路的批判，進而主張自下而上與自上而下相互
動的觀點；在臺灣則表現為對傳統自由主義的

不動員症性格的批判以及對傳統左派階級化約論的質疑，進而力主以人民為基礎的自下而上的抗爭。可見，依據這一框架，大陸論者不僅可以對傳統的思維路向以及大一統的經驗做出有效的批判，而且還可以對中國當下改革進程中社會日益獲致其相對獨立於國家的自主性的現象給出解釋並使人們洞見到這種現象對於實現民主政治所具有的結構性基礎意義；同理，臺灣論者也可以據此框架來統攝其他話語，並且為動員已有社會資源對威權政治結構進行自下而上的抗爭提供學理性依據。

如果我們對此做更深一層的追究，那麼我們還可以進一步發現大陸論者與臺灣論者因他們各自的具體取向在側重點上的不同而在理解「市民社會與國家」框架以及因此形成的理論品格方面的差異。在這裏，我們至少可以指出的是：「市民社會與國家」的關係，在大陸論者那裏，更多地被設想為一種基於市民社會與國家各自所具有的發展邏輯和自主性而展開的良性互動關係，是一種能夠擴展為實現民主政

治的可欲的基礎性結構；因此市民社會與國家
的良性互動關係對於中國大陸論者來講更是一
種目的性狀態（當然，這顯然不是終極目的；
準確地說，它更是一種目的與手段交互的狀
態，只是前者得到了更明確的強調），從而他
們的研究多趨向於對此一狀態的構設以及如何
邁向或達致這一狀態的道路的設計；也正是這
一點，就實現民主政治而言，深刻地標示出了
大陸市民社會論者所具有的不同於民主激進訴
求的漸進取向。然而，臺灣論者卻相信，臺灣
七〇至八〇年代民主政治的發展乃是各種由下
而上的社會運動所促成的，因此他們認為臺灣
民主政治的實現仍須依賴民間社會進一步的自
下而上的抗爭；據此，「民間社會與國家」[28]
的關係，在臺灣論者處，便更多（或完全）地
被構設為一種由下而上的單向度的反抗威權
「國家」的關係，因此他們更傾向於將民間社
會視作是一種抗爭「國家」的手段，從而「民
間社會對國家」關係的構造也就更側重於如何
有利於實踐層面的動員和抗爭。由於他們堅信

抗爭手段，而且只要透過採取抗爭手段將威權
「國家」解體，民主政治的終極目標便能實
現，所以他們在實現民主政治方面所表現出來
的乃是一種更為激進的取向。這也是臺灣論者
為什麼一開始就將civil society 轉譯成「民間
社會」這個載有中國傳統的「民反官」之強烈
歷史記憶的術語的原因，一如何方所言，臺灣
民間社會理論的欲求，「當然最明顯的是『反
國民黨』，因為『民間對抗國家』很容易簡化
為官民對抗，（因此把civil society 翻譯成
『民間社會』就非常重要，『市民社會』的譯
法就難達此戰略效果）在一般人的心中，民間
哲學清楚地劃出『統治（國家）—被統治（民
間）』的界線，立刻孤立了國民黨政權；民間
哲學就成了『造反哲學』」[29]。

四、漢語世界市民社會研究中的一般問題

　　市民社會可以被認為「既具有社會學和歷史學的意圖還具有道德和哲學的蘊涵、既是指高度概括的結構又是指極為具體的結構、既是設域於國家與社會之間的三分觀念又是置國家與社會相對抗的二分觀念」。[30] 然而，市民社會無論是作為一種社會存在，還是作為一種觀念，都是歐洲或西方文明的產物。西方漢學界、中國大陸以及臺灣的論者，一如前述，在援用市民社會理念的動因、訴求及理論品格等方面彼此不盡相同，但是有一點卻是相同的，即他們都是在借用西方的概念，因為三地的論者都是借用西方的市民社會概念或分析、或解釋、或批判、或構設與此一概念所賴以生成的歷史經驗和思想傳統截然不同的中國社會之歷史和現狀的。正是在此一「借用」的過程中，

三地的市民社會論者無疑遇到了一些相同的知
識論及方法論的問題：其中的一部分問題已然
在研究過程中凸顯了出來並得到了討論[31]，但
是很難說已經獲致了解決；而另一些問題則因
隱存較深而未引起足夠的重視和關注。在這
裏，我們可以簡要地介紹一些論者從不同角
度對借用市民社會概念或模式分析中國的研究
所做的批判。

市民社會論者，尤其是援用「市民社會／
公共領域」模式來解釋中國歷史的美國漢學
家，往往認為「市民社會」模式可以替代前此
的「西方衝擊—中國回應」模式或「革命」模
式。然而，黃宗智卻不無正確地指出，雖說
「市民社會／公共領域」模式挑戰了「衝擊—
回應」模式，但由於這兩個模式的背後蘊涵著
一個相同的典範（paradigm），即大規模的商
品化必定會引起經濟及社會的發展或現代化，
所以它們在本質上又具有某種相似性。當它們
共用的典範發生危機即商品化與經濟或社會不
發展的悖論事實發生的時候，它們都會喪失它

們的解釋力[32]。德利克則認為,「市民社會」
模式雖說被認為替代了「革命」模式,然而眾
所周知,由於前者只是經由迴避或擱置以革命
為主線的歷史來實現這種替代的,因此從根本
上講,「市民社會」模式並未能涵蓋「革命」
的模式[33]。而在我看來,中國論者在援用西方
市民社會模式一開始,便深受其「現代化」前
見的制約,亦就是在承認「西方現代」對「中
國傳統」的兩分界定的基礎上展開其討論的,
因此中國的市民社會研究在很大程度上也帶有
了「傳統一現代」兩分的現代化模式的印痕。
[34]

　　透過對這些批判的要點加以概括,我們或
可以發現,大凡援用西方市民社會模式的論
者,無論是取市民社會理念的批判向度,還是
取此一理念的實證經驗向度,都有意無意地試
圖在中國的歷史和現狀中發現或希望發現西方
市民社會的現象。這種努力的最大特徵之一便
是預設了西方市民社會的歷史經驗以及在其間
產生的市民社會觀念乃是一種普世的、跨文化

的經驗和觀念。在這一基本預設的基礎上，對中國的市民社會研究就具體表現為：第一，以西方市民社會模式為依據，在中國社會之歷史中尋求發現或期望發現中國與西方二者間的相似之處；第二，以西方市民社會模式為判準，對中國社會中不符合西方市民社會的現象進行批判——儘管此一方向的努力所針對的是中國與西方的差異，但是其基本預設卻認定西方式市民社會發展之道為中國走向現代化的不二法門。進而，上述兩個方向的努力便在研究過程中演化出兩種誤導：其一是將理論解釋模式設定為研究的出發點，遂在中國的歷史與現狀中尋覓一些符合既有理論解釋模式之前提的事實作為依據；二是依循這種路徑或既有理論解釋模式，對中國多元且多重性的歷史現象進行切割，或者說對中國原本可以做兩可性解讀或解釋的經驗材料做片面性的解讀或做片面性的評論和批判。

　　立基於上述對中國市民社會研究路向的分析，我們或可以對上述研究做「頭足倒置」的

處理[35]：第一，把原本作為判準或依據的市民
社會模式，轉而視作對中國進行理論研究的論
辯對象；第二，把西方市民社會理論模式視作
研究出發點的思路轉換成把中國的歷史經驗或
現實作為出發點的認識路徑；這在具體的中國
研究的過程中，便有可能表現為對中國與西方
間本質性差異的強調，並在此一基礎上建構出
相應的並能夠有效適用於中國的理論概念，進
而形成中國本土的分析性理論模式。一如中國
大陸市民社會論者所指出的那樣，「必須把作
為分析概念的市民社會與對市民社會概念演變
的學理考察相區別，因為考察市民社會概念史
本身不是目的，關鍵在於從中『建構』出可以
適用的分析性概念。」[36]當然，這種努力有可
能形成與那種以西方發展乃唯一之道為基礎的
西方市民社會模式不盡相同的論辯，並從中國
的本土立場出發而使西方市民社會的理念得到
豐富。但是需要承認的是，這方面的努力所具
有的可能性，是否仍然隱含著這樣一個「理論
上的陷阱」，即我們也有可能在不知覺中丟失

我們引進西方市民社會理念時它所具有的批判
力。顯而易見，對於這個問題以及與此相關的
一些問題，還需要我們做更翔實的討論並展開
更扎實的研究。

注　釋

[1]
　　儘管當時有許多論者都在他們的研究中涉略到了市民社會的問題，然而就系統的市民社會理論而言，只是到了二十世紀末才有所呈現，「綜觀這個問題的爭論的歷史，依我所見，市民社會所涉的內容及其所指的準確對象並未得到嚴格界定。這個任務只是經由尤根‧哈伯瑪斯以及其他二十世紀晚期的歷史學家所做出的重建性努力才得以完成。」見羅威廉，〈晚清帝國的「市民社會」問題〉，原載 *Modern China*, April, 1993。此外，美國論者科恩與阿雷托就此一問題也做了更為明確的闡述，「……迄今為止還沒有人發展出一種系統的市民社會理論」，見科恩與阿雷托，*Civil Society and Political Theory*, The MIT Press, 1992, p. 3.

[2]
　　例如，東歐論者主要依據的是自由主義市民社會觀，以求擺脫集權性統治而恢復社會的自主性，而大陸市民社會論者的目的則在於建構實現民主政治的基礎性結構條件，所以他們更傾向於洛克式觀點與孟德斯鳩或托克維爾式觀點的平衡。有關這個問題，請讀者參見本書第三章的討論。

[3]
　　參見拙文，〈市民社會與國家——學理上的分野與兩種架構〉，原載《中國社會科學季刊》，1993年總第3期；更為詳盡的討論，請參見本書第二章。

[4]
　　查爾斯‧泰勒，〈市民社會的模式〉，原載 *Public Culture*, 1991, 3（1）: 95-118；該文中譯本請參見

《國家與市民社會》，鄧正來和亞力山大主編，中央翻譯出版社，1999年，頁3-31。

[5] 參見John Keane, *Democracy and Civil Society*, London: Verso, 1988; Michael Walzer, " The Idea of Civil Society", *Dissent*, Spring 1991; Daniel Bell, "American exceptionalism revisited: the role of civil society", *The Public Interest*, No. 95, 1989. 轉見Shu-Yun Ma, " The Chinese Discourse on Civil Society", *The China Quarterly*, No. 138, June 1994, p. 180.

[6] Jacqaes Rupnik, "Dissent in Poland, 1968-1978: The End of Revisionism and the Rebirth of Civil Society in Poland", Rudolf Tokes, ed., *Opposition in Eastern Europe*, London, 1979.

[7] 愛德華·希爾斯，〈市民社會的美德〉，原載 *Government and Opposition*, Vol. 26, No. 1, Winter 1991；該文中譯本請參見《國家與市民社會》，鄧正來和亞力山大主編，中央翻譯出版社，1999年，頁 32-50。

[8] 參見John Gray, " From Post-communism to Civil Society: The Reemergence of History and the Decline of the Western Model", *Social Philosophy and Policy Foundation*, 1993, pp. 26-27.

[9] 參見Timothy G. Ash, 他在論及東歐政治反對力量戰略時指出，「對於他們來講，重建『市民社會』本身既是目的，又是實現政治變革（包括國家性質的變革）目的的手段」，*The Uses of Adversity*, London: Granta

Books, 1989, p. 246.

[10] 參見尤根·哈伯瑪斯，〈公域的結構性變化〉；傑弗理C.亞歷山大和菲利普·史密斯，〈美國市民社會的話語──文化研究的一種新進路〉；列奧·馬修，〈凝聚性「公眾」的分立成形〉以及查爾斯·泰勒，〈市民社會的模式〉。上述論文中譯本請參見《國家與市民社會》，鄧正來和亞力山大主編，中央翻譯出版社，1999年。

[11] 科恩與阿雷托，*Civil Society and Political Theory*, pp. 3-4.他們明確指出了他們所力圖建構的系統市民社會理論，並且旨在為回答此前的各種理論論爭提供一種新的典範；他們對這些理論論爭做出了這樣的簡要概述，「在過去十五年至二十年中，有三大論爭似乎最為凸顯。第一項論爭乃是『精英民主模式』對『參與民主模式』(elite vs. participatory models of democracy）的捍衛者之間在民主理論領域中展開的持久論戰的延續；第二項論爭在很大程度上限於英美學術界，乃是在日漸被稱為『權利導向之自由主義』(rights-oriented liberalism）與『大國家主義或社團主義』(communitarianism）之間展開的。……與第一項論爭不同，第二項理論論爭發生於規範政治哲學的領域，而不是在經驗論者與規範論者之間展開的。第三項論爭則發生於『自由市場的新保守主義』倡導者與『福利國家』捍衛者之間……。」

[12] 參見黃宗智，〈中國的「公共領域」與「市民社

會」？——國家與社會間的第三領域〉，原載*Modern
China*, April, 1993；該文中譯本請參見《國家與市民
社會》，鄧正來和亞力山大主編，中央翻譯出版社，
1999 年，頁420-443。當然，黃宗智對哈伯瑪斯觀點
所做的這種分析，也受到了學術界的批判，例如，阿
里夫·德利克就指出，「市民社會／公共領域是政治
概念；驅動形成這些概念的『意圖』既非『道德和哲
學的』亦非『社會學和歷史學的』（這在黃氏的陳述
中被視作彼此獨立的領域），而是社會發展階段的歷
史性所賦予的政治批評」，見德利克，〈當代中國的
市民社會與公共領域〉，原載《中國社會科學季刊》，
1993年總第4期。

[13]
關於馬克思·韋伯的「中華帝國靜止」觀，可參閱其
所著《儒教與道教》，江蘇：江蘇人民出版社，1995
年版；《新教倫理與資本主義精神》，北京：三聯書
店，1987年版（根據韋伯的理論，曾經衍化出了所
謂的「士紳」模式，以及此後對此一模式構成批判的
「地方精英」模式；後者參見Joseph W. Esherick and
Mary B. Rankin, ed., *Chinese Local Elites and Patterns
of Dominance*, Univ. of California Press, 1990.）。關於
「西方衝擊－中國回應」模式的闡釋，見費正清，*The
United States and China*, Cambridge, MA: Harvard
Univ. Press, 1958；費正清等，*East Asia: The Modern
Transformation*, Boston: Houghton Mifflin, 1965. 根據
此一模式進行研究的成果，見芮瑪麗，*The Last*

Stand of Chinese Conservatism, Stanford: Stanford Univ. Press,1957；費維愷，China's Early Industrialization, Cambridge, MA: Harvard Univ. Press, 1958。關於對「西方衝擊―中國回應」模式的討論和批判，較為精要的請參閱Paul A. Cohen, *Discovering History in China*, New York: Columbia Univ. Press, 1984；以及黃宗智，〈中國經濟史中的悖論現象與當前的規範認識危機〉，載《中國農村的過密化與現代化：規範認識危機及出路》，上海社會科學院出版社，1992年版。

[14] 關於「革命」模式的討論，較為精要的文獻請參閱阿里夫·德利克，〈革命之後的史學：中國近代史研究中的當代危機〉，載《中國社會科學季刊》，1995年總第10期。

[15] 同上，頁136。

[16] 同上，頁136-138。

[17] 這方面的論著，請參閱羅威廉，*Hankow: Commerce and Society in a Chinese City*, 1796-1889, Stanford: Stanford Univ. Press, 1984; *Hankow: Conflict and Community in a Chinese City*, 1796-1895, Stanford: Stanford Univ. Press, 1989；瑪麗·芮金，*Elite Activism and Political Transformation in China: Zhejiang Province*, 1865-1911, Stanford, CA: Stanford Univ. Press, 1986；斯特朗，*Rickshaw Beijing: City People and Politics in the 1920s*, Berkeley: Univ. of

California Press, 1989.
[18]
　　主要的文獻請參見Richard Madsen, "The Public
Sphere, Civil Society, and Moral Community: A
Research Agenda for Contemporary China Studies", 和
Heath Chamberlain, "On the Search for Civil Society
in China", *Modern China*, April, 1993. 又見黃宗智，
〈中國的「公共領域」與「市民社會」？──國家與
社會間的第三領域〉，原載*Modern China*, April,
1993；該文中譯本請參見《國家與市民社會》，鄧正
來和亞力山大主編，中央翻譯出版社，1999年，頁
420-443。Lucian Pye, "The State and the Individual:
an overview", *The China Quarterly*, No.127, 1991, pp.
443-466; David Kelly and He Baogang, "Emergent
Civil Society and the Intellectuals in China", in
Millered., *The Developments of Civil Societyin
Communist Systems*, pp. 24-39. 另可參見中國留學生對
這個問題的討論：周雪光主編，《當代中國的國家與
社會關係》，臺灣：桂冠圖書，1992年版。
[19]
　　當然，這只是相對而言的，因為一如黃宗智在《中國
農村的過密化與現代化：規範認識危機及出路》的自
序中所說，「這個學術問題（指學術界長期以來對中
國農村歷史的爭論）當然有很現實的意義。中國農村
今日的出路何在？是市場化和資本主義發展模式，還
是與之對立的集體化和計劃經濟？抑或有第三條即具
有中國特色的道路？見該書自序，上海社會科學院出

版社，1992 年版，頁2。

[20] 關於美國學界對當代中國研究的模式的分析，中文材料較精要的可參見趙穗生，〈美國對當代中國政治的研究及其主要模式評介〉，載《知識分子》，1988 年夏季號，頁25-32；Harry Harding，〈當代中國研究在美國的發展〉，載《知識分子》，1990 年冬季號，頁29-36；羅威廉，〈近代中國社會史的研究方法〉，載蔡少卿主編，《再現過去：社會史的理論視野》，浙江人民出版社，1988 年版，頁297-319。又見Nina P. Halpern, "Studies of Chinese Politics", and Thomas B. Gold, "The Study of Chinese Society", in Darid Shambaugh, ed., *American Studies of Contemporary China*, M. E. Sharp, Inc., 1993, pp. 120-137.

[21] 對於這種學術研究的傾向，如果不保有理論上的警省和自覺，就有可能跌入皮埃爾‧布迪厄（P. Bourdieu）所堅決反對的那種「唯方法論主義」或「唯理論主義」的陷井之中。在布迪厄那裏，唯方法論主義是指「這樣一種傾向，即把對方法的反思與方法在科學工作中的實際運用脫離開，並完全出於方法自身（而非具體實際的研究）的緣故而錘鍊方法，即為方法而方法。」「事實上，它很可能轉變成『為藝術而藝術』，或更糟糕的是，轉變成一種方法論帝國主義（methodological imperialism），也就是說，用現成的分析技術和手頭現有的資料來強行對對象進行界定」（P. Bourdieu and Loic J. D. Wacquant, *Invitation to Reflective*

Sociology, University of Chicago Press, 1992, p. 28.）。
另一方面，布迪厄認為唯理論主義也就是那種「為理
論本身的緣故而進行的理論工作，即『為理論而理論』
的工作，或把理論的體制視作一種孤立的、自我封閉
和自我指涉的話語領域」（同上，p. 30.）。他指出，
「當今社會理論的缺陷並非源於亞歷山大所確診的所
謂未能實現『預設立場的一般性』和『多向度性』，
而是源於一種科學勞動的社會分工，……它助長了
『狂妄大膽卻缺少嚴格精確性』的社會哲學和『嚴格
精確卻想像力貧乏』的極端經驗主義者的實證主義」
（同上，p. 32.）。

[22]
一如上述，這是相對而言的。僅就Modern China於
1992年5月9日召開的「中國研究中的範式問題」學
術討論會第三次會議與會者的觀點而言，理查德‧麥
迪森（Richard Madsen）主張依據哈伯瑪斯的道德－
文化理想來評判當代中國發展狀況的研究，而希斯‧
張伯倫（Henth Chamberlain）則關注中國發展進程中
與理想的市民社會相吻合的現象；雖說麥迪森側重的
更是「公共領域」的問題，而張伯倫更為關注國家與
社會間的市民社會的民主趨向，但是他們可以說都毫
無疑問地站在作為政治批判家的哈伯瑪斯的一邊，力
主根據民主的應有形態來衡量當代中國的公共領域或
市民社會的發展狀況。參見Richard Madsen, "The
Public Sphere, Civil Society, and Moral Community: A
Research Agenda for Contemporary China Studies" 和

Heath Chamberlain, "On the Search for Civil Society in China", *Modern China*, April, 1993.

從另一個角度看，還有一些論者則從更具批判力的立場出發，對這種取向進行了嚴肅的反思和批評。例如，阿里夫・德利克就指出，「當下，普遍存在於中國研究領域中這些概念（指『公共領域／市民社會』——譯注）的用法問題並不在於複雜性，而在於化約論，即用複雜概念的某一方面來替代全部，弱化了其歷史性和批判性。本文特別關注的是……對公共領域作實證論式的解讀。這一方法在清末研究中占主導地位。這種解讀方法試圖把公共領域這個概念納入現代化的『社會—歷史學』範疇，而在這一範疇中，公共領域概念的批判性歷史意義則蕩然無存。」見阿里夫・德利克，〈當代中國的市民社會與公共領域〉，原載《中國社會科學季刊》，1993年總第4期。

[23]
見拙文，〈市民社會與國家——學理上的分野與兩種架構〉，原載《中國社會科學季刊》，1993年總第3期；更為詳盡的討論則請參見本書第二章。

[24]
江迅和木魚，〈為民間社會辯護〉，載《南方》，臺灣，1987年8月，第10期，頁34。

[25]
參見拙文，〈臺灣民間社會語式的研究〉，原載《中國社會科學季刊》，1993年總第5期；現收入本書「附錄」部分。

[26]
江迅，〈謝長廷對趙少康：意識形態的黃昏〉，載《南方》，臺灣，1987年4月第6期，頁41。

[27]
關於此一問題的詳盡討論，參閱鄧正來和景躍進，〈建構中國的市民社會〉，原載《中國社會科學季刊》，1992年總第1期；現收入本書「附錄」部分。

[28]
筆者鄭重聲明，此處及本書他處援用「國家」一詞，絕不說明筆者認為臺灣是一個國家，相反，筆者認為臺灣是中華人民共和國的不可分割的一部分。只是考慮到臺灣論者的措詞習慣及本文論述之便利，才使用此一詞語。

[29]
何方，〈從「民間社會」論人民民主〉，載《當代》，臺灣，1990年3月第47期，頁40。關於對臺灣論者將civil society譯成「民間社會」的負面問題，筆者曾做過較為詳盡的分析和批判，請參閱拙文，〈臺灣民間社會語式的研究〉，原載《中國社會科學季刊》，1993年總第5期；現收入本書「附錄」部分。

[30]
黃宗智，〈中國的「公共領域」與「市民社會」？——國家與社會間的第三領域〉，原載Modern China, April, 1993；該文中譯本請參見《國家與市民社會》，鄧正來和亞力山大主編，中央翻譯出版社，1999年，頁420-443。

[31]
這方面的問題有很多，例如，市民社會既然屬於西方概念，那麼中國論者「借用」此一概念分析中國問題，是否在本質上就屬於一種「套用」？如果不能借用，那麼為什麼同樣為中國文化傳統所不知曉的「民主」、「人權」、「自由」等理念卻可以用來分析和解釋中國的問題呢？（這裏需要指出的是，對於這些概

念適用於中國的效力以及如何適用於中國分析的問
題，都還未見到詳盡的扎實研究）如果可以借用，是
否只能是在對中國歷史或現狀的批判的意義上使用？

[32]
參見黃宗智，〈中國經濟史中的悖論現象與當前的規
範認識危機〉，載《中國農村的過密化與現代化：規
範認識危機及出路》，上海社會科學院出版社，1992
年版，頁132-181。

[33]
參見德利克，〈革命之後的史學：中國近代史研究中
的當代危機〉，載《中國社會科學季刊》，1995年總
第10期，頁135-141。

[34]
參見拙文，〈中國發展研究的檢視——兼論中國市民
社會研究〉，原載《中國社會科學季刊》，1994年總
第8期。

[35]
這方面的傾向已有所表現，較為典型的是羅威廉的努
力，他在基本上依據哈伯瑪斯「公共領域／市民社會」
的模式出版了他的兩部漢口研究著作以後，開始逐漸
轉向對哈氏模式的論辯；他甚至在訪問北京期間與我
的交談中，明確表示了對簡單援用西方市民社會模式
來分析中國問題的做法的否定。羅威廉指出，「把那
些被認為等同於西方話語傳統中的市民社會的現象加
之於晚清帝國的較比一般化的訴求，乃是極為困難
的，因為市民社會這個概念不僅太富價值涵義而且也
太缺明確界定，所以不能有效運用」（見羅威廉，
〈晚清帝國的「市民社會」問題〉，原載 *Modern
China*, April 1993；該文中譯本請參見《國家與市民

社會》，鄧正來和亞力山大主編，中央翻譯出版社，
1999年，頁401-419）。此一方向的另一努力乃是由黃
宗智在基於他對中國的實證研究之上建構所謂國家與
社會互動而形成的「第三領域」（the third realm）的
概念過程中做出的，參見其所著〈中國的「公共領域」
與「市民社會」？——國家與社會間的第三領域〉，
原載 *Modern China*, April, 1993；該文中譯本請參見
《國家與市民社會》，鄧正來和亞力山大主編，中央翻
譯出版社，1999年，頁420-443。另見黃宗智與
Kathryn Bernhardt 新編的書，*Civil Law in Qing and
Republican China*, Stanford: Stanford Univ. Press,
1994.

[36]　景躍進，〈「市民社會與中國現代化」學術討論會述
要〉，載《中國社會科學季刊》，1993年總第5期，頁
197。

第二章　「市民社會與國家」
觀念的歷史透視

一、市民社會觀念在近代前的淵源

　　一如前述，市民社會理論復興的基本任務
就是要調整當下被認為不合適的市民社會與國
家的關係格局；這樣，之於理論界，這個課題
也就具體化為：我們究竟應當構設一種什麼樣
的市民社會與國家關係框架。由於這股市民社
會思潮所具有的國別性差異，更由於civil soci-
ety原本就是一個西方式的觀念，而且civil

society 與國家關係的學理建構亦首先源出於西方傳統，所以論者們在倡導「市民社會」理論並試圖據此回答上述課題的時候，就顯然不能斷裂歷史地看待西方市民社會理論並盲目地搬用其間的某一種觀點。據此，本編擬就西方市民社會與國家在學理上的分野以及其間發展形成的兩種市民社會與國家關係的學理架構做一清釐和分析。

　　正如上文所述，漢語世界所使用的「市民社會」一詞，乃是經由英文 civil society 一詞轉譯而來的；而該術語的最早涵義則可以上溯至古希臘先哲亞里士多德。在亞里士多德那裏，所謂 civil society（即 koinonia politiké），乃意指一種「城邦」（即 polis）。後經西塞羅於西元一世紀將其轉譯成拉丁文 societas civilis，不僅意指˜單一國家，而且也指業已發達到出現城市的文明政治共同體的生活狀況。這些共同體有自己的法典（民法），有一定程度的禮儀和都市特性（野蠻人和前城市文化不屬於市民社會）、市民合作及依據民法生活並受其調整、

以及『城市生活』和『商業藝術』的優雅情致」。[1]這種涵義的societas civilis後來為十四世紀的歐洲人廣為採用，並將之譯成我們今日通用的英文civil society。

到了近代，市民社會在早期自由主義者那裏開始與自然狀態（state of nature）相區分，但其涵義依舊是指與自然狀態相對的政治社會或國家，而不是指與國家相對的實體社會。所以，civil society（societas civilis, société civile）與the state（civitas, état, staat）在當時乃是可以互換替用的。巴布比（N. Bobbie）曾經對這種狀況做過概括：在傳統自由主義時代，眾所周知的兩個相對概念並不是「市民社會與政治社會」，而是「自然狀態與市民社會」，換言之，前國家人文階段的觀念主要不是受「市民社會與國家」相對概念的促進，而是為「自然狀態與市民社會」這兩個相對概念所提升的。[2]

然而，不容忽視的是，那種源出於對保護個人自由的思考以及對政治專制的批判的近代

自由主義政治思想、那種源出於對市場經濟的
弘揚以及對國家干預活動施以控制的近代自由
主義經濟思想，都對西方市民社會與國家在學
理上的分野產生了重大的影響。前者表現為，
套用李昂・H・梅修（Leon H. Mayhew）的話
說，「在西方世界，作為一種與國家相區分的
實體概念，很晚才出現。理性時代，亦即哲學
家們開始尋求對現行政治制度做批判性分析的
世俗依據的時代，乃是最早的時期之一；當
時，西方思想家漸漸將社會視為明顯先於國家
和外於國家的狀況，而確立這一分野的手段之
一便是社會契約論」；[3]經濟思想的影響則表
現為「最初的社會功利觀念將人們之間經濟的
自然互相依賴，被當時的人們強調為在邏輯上
先於國家的秩序淵源」。[4]

　　近代政治自由主義所主張的社會先於或外
於國家而在的觀念，還可以進一步溯至中世紀
的兩個觀念。其一是中世紀政治思想規定社會
（亦即從何種角度界定社會、或賦予社會以何
種身分）的思路。在古代政治學思想中，它所

沿循的路向基本上是透過政治結構來規定社
會，因此社會所具有的一般也只是政治身分。
古希臘人和古羅馬人實際上都無出此一思維定
式。[5]這一思路意謂著，只要一個社會是依憑
政治結構而規定的，只要人們認為政治權力原
則上可以滲透或侵吞社會，那麼面對政治強權
對社會的侵逼，社會便會喪失原則性的抵抗和
道義的或現實的制衡力量。然而，中世紀演化
出來的對社會的那種界定，則把社會視作一個
更大的單位，政權只是其間的一個有機組成部
分而已；這種觀念最具啟示性的意義在於：儘
管政權或國王被視為至上至尊，但是就自然秩
序及宇宙而言，它們則被視為次要的或隸屬的
部分。[6]這種對社會與政治結構所做的界分，
可以說是一種關鍵性的界分，因為它為近代政
治自由主義所主張的社會先於或外於國家而在
的觀念提供了一項十分重要的淵源。

　　另一種與此相關的有影響的觀念，乃是西
方中世紀基督教時代認定教會屬於一個獨立社
會的觀念。眾所周知，在中世紀以前，許多世

俗統治者，包括羅馬帝國的皇帝，都被賦予了
一種最高的宗教職能：他們不是被視為人民派
向諸神的代表，就是被認為他們本身就可能具
有某種神性。那個時代的特徵表現為政教的基
本不分。最早對教會與國家、精神領域與世俗
領域做出界分的先例乃是猶太教，其教義論證
了這樣一種信念：一個社會在表面上可以臣服
於外來的征服者（耶路撒冷於西元前586年失
陷），但是卻在精神層面上保有著一種與統治
者相分離的宗教同一性。作為猶太教的一個分
支，中世紀的基督教很容易以同樣的方式來型
構自己的宗教觀。一如福音書中所說的那樣，
「該隱的物當歸該隱，上帝的物當歸上帝」。[7]
尤其是教皇基拉西烏斯一世（Gelasius I）的
「雙劍」觀（Two Swords Idea，指上帝為了不
同的目的而賜予了人類兩個權力中心：世俗權
威與宗教權威），更是當時政教雙方的基本共
識。換言之，這兩種權威應當在一個國家內部
保持平衡、互相制約的觀念，始終是基督教思
想的關鍵性教義，儘管對這一教義的詮釋在各

個時期不盡相同。總而言之，西方中世紀基督
教所持有的這種「雙劍」觀念，從另一個面相
上推動了社會與國家在近代政治思想中的分
化。

二、洛克式「市民社會與國家」的觀念

　　上述兩種觀念在近代自由主義政治哲學家
那裏得到了強化。霍布斯、洛克和盧梭等人透
過對自然狀態的假說以及明確主張一種依憑天
賦權利組織起來的國家以外的共同體，而漸漸
確立起了社會前於或外於國家的身分或品格。
　　近代自由主義思想家的關注點，從國家一
面來看，主要是如何使國家權力受到限制，換
言之，亦就是如何使不同的個人、群體和階層
的自由與政治秩序或政治強力相協合。他們所
訴諸的關鍵手段乃是力圖透過社會契約觀而使
國家與前國家或非國家的狀態相區分。國家是
理性產物的認知基本上可以說是那一時期的共

識，即國家是調整個人利益和本能情緒的機構，透過它可以確保一種可控的和有序的自由，儘管早期自由主義者關於這個問題的表述不盡相同；[8]然而，另一方面，大多數自由主義政治思想家又認為，無條件地承認國家至上獨尊的地位，必定會導致國家對人民權力的侵吞和剝奪；因此，他們儘管都力圖證明政治國家為必要，但同時仍力圖釋證對國家權力的限制實是正當之舉。這個方面的努力一般被認為有三種模式，[9]而其中最具典型和代表意義的乃是洛克─康德模式。

洛克─康德模式認為，社會是自然的，但並不像霍布斯所描述的那般一片災難，而是和平的、善意的和安全的。儘管如此，洛克依舊認為自然狀態還是存有缺陷的：第一，自然狀態缺少一種確定的、眾所周知的法律；第二，自然狀態缺少一個按照既定法律來裁判一切爭端的公允的裁判者；第三，自然狀態也不擁有可以用來支援正確判決的權力。正是立基於對自然狀態的這種認識，洛克提出了這樣一種觀

點：為了克服上述缺陷，人們互相協定，自願將一部分自然權利賦予了國家，「這便是立法和行政權力的原始權利和這兩者之所以產生的緣由，政府和社會本身的起源也在於此」。[10]更確切地說，「政權的一切和平的起源都出自人民的同意。」[11]顯而易見，在洛克看來，國家的職能並不是要替代自然狀態，而毋寧說是社會的一個工具，其目的是要將自然狀態所隱含的自由和平等予以具體的實現。如果國家違背契約，侵犯了人民的利益，那麼人民憑藉恢復其自然自由的權利而可以推翻它的統治。

洛克式觀點具有這樣一個特徵，即它認為社會先於國家而在，而國家只是處於社會中的個人為達致某種目的而形成契約的結果；正是在這個意義上，我們可以說自由主義思想家透過對自然狀態和社會契約的假定而賦予了社會以一種前政治或前國家的生命。

更需要指出的是，中世紀有關基督教會外在於國家的觀點，在洛克—康德式觀點中也得到了創造性的轉換。洛克明確指出，「人類原

來所處的自然狀態，那是一種完備無缺的自由狀態，他們在自然法的範圍內，按照他們認為合適的辦法，決定他們的行動和處理他們的財產和人身，而毋需得到任何人的許可或聽命於任何人的意志」。[12]這意味著，在自然狀態下，自由和平等，經濟的發展，包括勞動分工、貨幣使用及財富積累，這些在日後被人們譽稱為「文明」的要素，即使沒有國家，依舊會得到發展；一如康德所言，在自然狀態下，社會完全可以存在，儘管這種社會並不是bürgerlich社會，即透過公法對「你的」和「我的」進行保護的一種政治安排。在這裏，我們發現了外在於國家或政治的社會觀：國家至多是社會的一種保護工具，換言之，社會具有獨立於國家而在的品格或身分。

就主張社會先於國家和社會外於國家的觀點而言，潘恩可以說是這種觀點的最為極端的倡導者；也正是在這個意義上，我們說潘恩最為明確地界分了社會與國家。潘恩指出，社會產生於人們的欲望，因為單獨的個人無法滿足

生活的需要，於是人們就自然而然地結合成了
社會，因而社會是個人天賦權利的集合性載
體，「公民權利就是人作為社會一分子所具有
的權利」。在這裏，潘恩已然提出了人民主權
的思想；他認為，「權力是由人的各種天賦權
利集合而成的」，[13]因此人民是權力的源泉，
其中包括消滅一切他們認為不合適的政體和創
立法治和「組織我們自己政府」的權利。[14]從
另一個面相來看，「社會在各種情況下都是受
歡迎的，可是政府呢，即使在其最好的情況
下，也不過是一件免不了的禍害。在其最壞的
情況下就成了不可容忍的禍害」。[15]由於人們
始終傾向於認為社會是一種自然的狀態，又由
於社會所具有的互惠互利和互動團結之網路可
以促進普遍的和平和安全，所以這種社會也就
先於並外於國家而在。總而言之，社會愈完
善，社會就愈多地調整自身的事務，從而也就
愈少地留有機會和空間給國家。

　　不難看出，上述政治自由主義者所做的各
種努力，還僅僅停留在社會與國家的形式結構

上，尚未能或者尚未完全對社會之所以先於國
家或外於國家的內在規定性做出明確的學理說
明，更未能對社會與國家相互關係做出有實踐
根據的說明。給這方面努力帶來新的激勵的乃
是這樣一個事實，即「在亞當‧斯密以前很
久，散居於英國鄉間的某些村民團體，已經開
始接受如下這種觀念：維護自身利益和經濟自
由是人類社會的自然法則」。[16]當然，這方面
的貢獻主要是由在當時受商品經濟發展影響的
重農主義和古典經濟學做出的。從一般的意義
上講，這兩個經濟學派是自由主義的，[17]套用
A. 皮埃特的話說，「經濟學打從問世那天起，
就是自由主義的產物」；[18]這些經濟學理論與
政治自由主義不謀而合，從另一個方面為市民
社會與國家的分離鋪設了道路。

　　為了應對當時重商主義派所大力弘揚的國
家干涉主義，為了剷除商品經濟發展中的重重
障礙，重農學派及古典經濟學家提出了與科爾
貝爾大相逕庭的理論原則，即高奈（Gounay）
等人提出的「自由放任」（lassez-faire）原則。

重農主義者認為，人類社會和物質世界一樣，
都存在著不以人的意志為轉移的客觀規律，這
就是自然秩序。倘若人們認識自然秩序並按其
準則制定人為秩序，這個社會就處於健康狀
態；反之，如果人為秩序違背了自然秩序，社
會就會處於疾病狀態。人身自由和私有財產是
自然秩序所規定的人類的基本權利，是天賦人
權的基本內容。自然秩序的實質在於個人利益
與公眾利益的統一，而這種統一只能在自由經
濟體系之下得到實現。這樣，重農主義便從自
然秩序中引伸出了經濟的自由主義。古典經濟
學者亞當‧斯密則明確並發展了這種經濟的自
由觀，並且以個人主義作為他所謂的「天賦自
由經濟制度」的基礎。斯密指出，既然個人是
他本人利益最好的明斷者，那麼明智的做法也
就當然是讓每個個人在經濟活動領域中抉擇自
己的道路。在這種自由經濟的社會中，其有序
性力量便是斯密所謂的「看不見的手」。

　　儘管「自由放任」原則與「看不見的手」
的觀點有著很大的區別，但是它們對於市民社

會理論的建構（尤其是市民社會與國家界分框
架的確立）都有著重大的意義，而其間最為重
要的意義便在於它們都從經濟方面對社會做出
了界定：「自由放任」意味著作為經濟領域的
社會獨立於作為政治領域的國家，而後者之所
以不應當干涉前者，其原因就在於經濟領域受
制於一隻「看不見的手」，亦即社會乃是一個
於某種意義上自組織的、服從自身規律和變化
的「獨立經濟體系」；換言之，社會是一個由
諸多相互關聯的生產、交易和消費行為構成的
總和，擁有自身的內在動力和不受外界影響的
規律，從而獨立於政治或國家。用孟德斯鳩的
話來說，在經濟領域，「貿易經濟應該統治一
切，而不受任何別的精神之影響，而所有法令
都應該保護貿易精神」。[19]顯而易見，這種經
濟學的貢獻，為社會具有一種外於政治或國家
的身分的觀點注入了一種可以被稱之為「革命」
性的力量，並且使社會獲致了一種區別於政治
和宗教的經濟品格。

　　上述近代政治自由主義的觀念（強調社會

的前國家或非國家品格從而認為社會與國家相
區別的觀念）與近代經濟自由主義的觀點（強
調經濟自律而不受國家干預進而認為社會擁有
區別政治的經濟內容的觀點），透過對國家權
力範圍的限定以及對社會原則上不受政治權力
控制的規定，打破了國家權力無所不及的政治
專制思想，為使社會和個人獲得政治上的解放[20]
提供了學理性的引導。從另一個亦是本文所
關注的角度看，上述觀念從結構和內容兩個方
面為十九世紀初從理論上完成市民社會與國家
的分野提供了明確的思想框架。

三、黑格爾「市民社會與國家」的觀念

　　第一個真正將市民社會作為與政治社會相
對的概念進而使之與國家做出學理區分的是黑
格爾。他在討論的過程中沿用了市民社會這個
術語並賦予了它以新的涵義。[21] M.芮德爾
（M. Riedel）指出，「透過市民社會這一術

語，黑格爾向其時代觀念所提出的問題並不亞
於近代革命所導致的結果，即透過政治集中而
在君主……國家中產生了非政治化的社會，將
關注重心轉向了經濟活動。正是在歐洲社會的
這一過程中，其『政治的』與『市民的』狀態
第一次分離了，而這些狀態於此之前（即傳統
政治的世界中），意指的乃是同一件事情——
一如托馬斯‧阿奎那所說的communitas civilis
sive politica或者洛克所謂的civil or political
society」。[22] 眾所周知，黑格爾將bürgerliche和
Gesellschaft一起納入了政治哲學最為基本的概
念之中。從詞形來看，這個術語與傳統政治學
家所使用的術語幾無差別，然而事實上，它卻
為人們和這個傳統徹底決裂提供了前提，正是
在這個意義上，我們完全可以說在黑格爾之
前，並不存在現代意義的市民社會概念。因
此，黑格爾對市民社會這一傳統術語之涵義的
修正，乃是政治哲學中自博丹創撰「主權」概
念、盧梭發明「公意」概念以降的最富有創見
的革新。[23]

　　黑格爾認為，「市民社會」處於家庭與國家之間，它不再是只與野蠻或不安全的自然狀態相對的概念，更準確地說，它是同時與自然社會（家庭）和政治社會（國家）相對的概念。市民社會作為人類倫理生活邏輯展開中的一個階段，是一種現代現象，是現代世界的成就。它的出現，歸根結柢使現代世界與古代世界發生了本質上的區別，因此，這一意義上的市民社會，也就不同於存在於時空之外的前提性的、不變的生活基礎，毋寧是長期的複雜的歷史變革過程的結果。薩拜因認為，黑格爾這種「從體制的歷史和體制的角度來探討經濟學和政治學，相對來說是新發現」。[24]

　　市民社會作為一種「外在國家」，在黑格爾那裏，由三個部分組成：需求的體系——市場經濟；多元的體系——自願組織（同業公會）；司法的體系——警察和司法機構。[25]黑格爾「市民社會」觀的內在邏輯極其繁複，絕不是我們在這裏所能夠加以討論的，但是從政治學，尤其從市民社會與國家關係角度出發，

我們卻可以把我們的討論局限在「需要的體系」
方面，並簡要地指出如下幾個基本要點：

（一）有關市民社會的市場經濟觀

　　黑格爾認為，在市民社會中，人們不僅有
追求私利的自由，而且有追求私利的可能，因
為現代世界造就了古代世界所不知道的市場，
一種受其自身規律調整的經濟領域。在市場
上，人們雖說關心的是自己的得失，但是他們
的結果卻滿足了彼此的需求，由此也產生了一
種新的社會紐帶。黑格爾說，「在追逐一己私
利的過程中，會形成一套相互依賴的關係。某
甲的生計、幸福和法律地位與某乙的生計、幸
福和法律地位緊緊地聯繫在一起」。[26]

　　在這裏，黑格爾承繼且明確了那種有關政
治自由主義和經濟自由主義的社會獨立於國家
而在的觀點，因為他不再透過政治結構來界定
社會，而是透過市場這一具有高度自律性的體
系來規定社會。這種透過市場模式而達致的市
民社會觀，因其強調市民社會受制於自身的規

律而明確了它與政治社會或國家的區別，亦即
關注特殊利益的非政治化的私域（private
sphere）與關注普遍利益的政治化的公域
（public sphere）的區別；另一方面，市民社會
的市場規定性（即市場是交換的場所），決定
了市民社會中所有具有外在價值的東西都可以
透過契約並依照契約性規則進行交換和讓渡，
而且占有的手段便是攫取。因此，市民社會的
主要活動或本質活動乃是攫取性的，而這就使
它與以利他精神為主旨的宗法家庭區別了開
來。從另一意義上講，黑格爾透過市場這一表
現需求和滿足需求的實在系統，而與自由主義
者有關自然狀態的假說發生了決定性的和事實
上的決裂，因為現代市民社會導向的經濟乃是
一種用商品手段生產、交換商品的體系，它在
這一過程中將「自然」變成了實現其間表現出
來的多樣且不同需求的工具，從而也就不再能
夠被視為是「自然的」了。

（二）有關市民社會是獨立的但卻並不自足的觀
##　　　點

　　黑格爾認為，儘管市民社會因擁有其自身
的規律而區別或獨立於國家，但是由於這種規
律的性質決定了它的盲目導向和機械導向，所
以市民社會各個部分之間並不存在一種必然的
和諧：一如我們所知，經由純真的利他之愛而
豐富起來的和諧乃是宗法家庭的一個基本特
徵，但是以契約性攫取為標示的市民社會則不
然。市民社會是一個盲目導向且因果必然的王
國，其間所有的活動都關注個人的私利或特殊
利益；這種特殊利益的互動和集體的協合形
式，多元且無一定之規，而且呈示為脆弱並受
制於各種衝突和矛盾。因此，黑格爾說，市民
社會是一個私欲間的無休止的衝突場所。市民
社會的這一特徵決定了它不僅不能克服自身的
缺陷，而且還往往趨於使其偶然的協和及多元
性遭到破壞。市民社會一部分的興旺和發展，
往往會侵損或阻礙其他部分的發展。所以，市

民社會是獨立的，但卻是不自足的。

（三）有關市民社會的不自足性唯有憑靠政治秩序化手段方能解決的觀點

正是立基於上述觀點，黑格爾指出，市民社會雖說外於國家而在，但卻不可避免地具有一種自我削弱的趨勢，其根本要害在於市民社會本身無力克服自身的潰垮，亦無力消彌其內部的利益衝突。如果市民社會要維持其「市民性」，那麼它就必須求諸於一個外在的但卻是最高的公共機構，即國家。在黑格爾那裏，國家乃是「倫理理念的現實——是作為顯示出來的、自知的實體性意志的倫理精神」，[27]「是絕對自在自為的理性東西」，[28] 它代表著並反映著普遍利益。因此，只有國家才能有效地救濟市民社會的非正義缺陷並將其間的特殊利益融合進一個代表著普遍利益的政治共同體之中。一言以蔽之，國家高於市民社會。

透過上述歷史性分析，我們看到，市民社會與政治或國家的學理分野，在黑格爾的政治

理論中得到了完成。市民社會與國家的區別說
到底不是它們的構造特徵，而是它們各自所具
有的內在規定性以及由此而產生的不同的終極
目標。市民社會中所有的活動所追求的都是以
個人私欲為目的的特殊利益，是人們依憑契約
性規則進行活動的私域，個人於其間的身分乃
是市民；而國家所關注的則是公共的普遍利
益，是人們依憑法律和政策進行活動的公域，
個人於其間的身分乃是公民。總而言之，市民
社會與國家學理分野的完成，一方面表明，原
本只能在政治領域加以解決的事務，現在因其
性質之不同而可以在社會領域中獲致原則上的
解決，這就是說，透過對國家權力的劃定或對
市民社會領域的界定，市民社會獲致了一種非
政治的品格；從另一個方面來看，自近代民族
國家誕生始，作為公共權威的政治國家與構成
其相對面的市民社會之間反復出現的諸如和諧
與反目、妥協與牴觸、鎮壓與反叛等各種形態
的制衡關係，以及由此產生的政治發展與社會
變化的核心問題，都隨著市民社會與國家的學

理分野過程的演化和確立而獲致了理論上的支
撐，並構成了日後政治學的核心內容。

四、洛克式架構與黑格爾架構的比較和
分析

「市民社會與國家」相區分的認知或共
識，並不能邏輯地導致不同的論者會在「市民
社會與國家相互關係」方面達致共識，換言
之，因論者所處的時代、其所在的國家的歷史
傳統及發展階段的各異，又因論者關注問題的
視角不同，他們往往會形成側重點極不相同的
「市民社會與國家關係」的學理架構。這恰恰
也是我們從上述市民社會與國家分野到市民社
會與國家關係確立這一大致的思想演化過程中
發現的現象：在這個過程中，雖說論者的觀點
各異，然而，在市民社會與國家相分野這一點
上，我們則可以說各種觀點之間存有著很強的
歷史承繼性和發展性；但是，在這一縱向承繼

的進程中，從市民社會與國家二者間的關係角度出發，我們又可以說大體上形成了兩種截然不同的關於市民社會與國家的關係架構：一是以洛克為代表的自由主義者的「市民社會先於或外於國家」的架構，[29]二是黑格爾所倡導的「國家高於市民社會」的框架。

（一）洛克式「市民社會先於或外於國家」的架構

　　洛克認為，人類最初生活的社會（指自然狀態）乃是一種完美無缺的自由狀態，其間的個人乃是理性人；他們與生俱有生命、自由和財產三大權利，而其中財產權最為根本。為了約束所有的人不侵犯他人的權利、不互相傷害，每個人都有權懲罰違反自然法的人，有權充當自然法的執行者。洛克雖然認為這種前國家或非國家的狀態以及其間的做法存有種種弊端，但是它未必就比君主專制更糟糕，正如他所指出的，「如果一個統御眾人的人享有充當自己案件的裁判者的自由，可以任意處理他的

一切臣民,任何人不享有過問或控制那些憑個
人的好惡辦事的人的絲毫自由,而不論他所做
的事情是由理性、錯誤或情感所支配,臣民都
必須加以服務,那是什麼樣的政府,它比自然
狀態究竟好多少?」[30]

　　雖說洛克的「市民社會」是一種比較完滿
的狀態,但是這種市民社會畢竟因其間個人私
欲間的衝突以及上文論及的三種缺陷而使人們
「願意放棄一種儘管自由卻是充滿著恐懼和經
常危險的狀況」,[31]並且努力建立政治社會,
即國家。國家透過社會委託於它的立法權和司
法權,一方面對公益負責,保護市民社會中的
個人財產權,所以洛克說,「政府除了保護財
產權之外,沒有其他目的」;[32]另一方面,國
家還需要對各大利益集團(諸如王室、貴族、
教會和平民)進行平衡和協調。在這裏,國家
之於市民社會,只具有工具性的功用,是手段
而非目的。這意味著,作為手段的國家,在原
則上是不能滲透市民社會的;從反面來講,市
民社會決定著國家,因為國家所有的權力都源

出於人民。具體言之，一方面，為了保護自
己，人民透過多數同意的社會契約而讓渡給國
家的實際上只是他們所擁有的部分權力，因此
國家只享有這部分權力，而主權則依然在民。
倘若國家違背契約而濫用權力去侵吞市民社
會，後者就可以依憑主權收回它曾經讓渡給國
家的那些權力，可以不再服從國家，直至推翻
它並建立新的政權。「當立法者們圖謀奪取和
破壞人民的財產或貶低他們的地位使其處於專
斷權力下的奴役狀態時，立法者們就使自己與
人民處於戰爭狀態，人民因此就無需再予服
從，……並透過建立他們認為合適的新立法機
關以謀求他們的安全和保障」。[33]另一方面，
關於國家是否違背契約並侵吞市民社會的判
斷，也是由市民社會做出的，一如洛克所言，
「人民應該是裁判者」，[34]因為受託人或代表的
行為是否適當和是否符合對他的委託，除委託
人之外，別無他人可做裁判者。這一點至關重
要。因此，洛克式的架構，實質是市民社會決
定國家，是市民社會對國家享有最終裁判權。

　　洛克式「市民社會先於或外於國家」的架
構，從其自由主義的淵源來看，本質上並不是
對國家或政治權力本身的思考，而毋寧是對限
制國家權力的關注，因為一如我們所知，國家
權力的內在規定性必定會使它與市民社會中的
個人權利相衝突；從另一面相觀之，洛克式自
由主義架構則對國家或政治權力表現出了極度
的懷疑和高度的不信任，正如約翰·傑溫斯波
所言「對政治的懷疑是現代自由主義的根本精
神」一般[35]。

　　在上述基本精神的引導下，洛克式「市民
社會先於或外於國家」的架構也就透發出了兩
種思想導向：第一，透過市民社會前國家（或
前政治）的身分而表現出來的所謂捍衛個人權
利或反權威的導向，用傑里米·瓦爾德倫的話
說，這種理論「首先是一個反抗的理論」。[36]
在這裏，國家的存在乃是為了維護個人的天賦
權利，而個人權利的不可取消性則構成了國家
權威及其權力的限度。這一思想導向的內在邏
輯展開便是：既然市民社會的個人權利享有絕

對的優先地位，那麼為了避免國家權力本身的
邏輯或政治活動可能具有的特定目的滲透進市
民社會並對個人權利構成侵犯，洛克式架構在
規定市民社會與國家關係的時候也就必定會設
想市民社會或這類個人權利先於國家而在，或
是強調國家的功用只在於維繫或具體完善市民
社會。倘若國家違反契約並侵吞市民社會，那
就將導致革命。這一思想導向不僅應合了洛克
式架構於當時反君主專制的時代背景，而且還
在十八世紀美國革命和法國大革命中獲致了現
實的兌現。第二，亦即洛克式架構深含的另一
個思想導向是，透過市民社會外於國家（或非
政治）的框架而顯示出來的社會完全可以在不
需要國家權力機構干預的情況下自己管理自己
的導向。除了上述對國家權力的懷疑和不信任
以外，這一導向更是受到了重農學派和古典經
濟學的激勵。英國光榮革命以後出現的商業繁
榮，導致了一個受制於自身規律（「看不見的
手」）而毋需國家干預的經濟體系的出現，這
表現為近代社會的基本組織原則已然開始從宗

教、政治等傳統權威式組織原則向自由放任經
濟的自生自發性組織原則的演化。這種發展促
使「自由主義者以讚賞的態度把商業看作是一
個能使公民的才力得到更有效運用的領域」，
[37]並設想這種非政治的經濟秩序還可以擴及到
整個人類生活的領域。從政治學的角度看，這
種非政治的導向和上述反政治的導向相結合，
還為人們在日後遏制權力向專制蛻變不僅需要
訴諸權力間的內部制衡還需要訴求權力外部力
量的制約的思想提供了理論支援。

　　然而，不可忽略的是，洛克式「市民社會
先於或外於國家」的關係典範同時也存有很深
的誤導，這主要表現在：首先，所謂市民社會
先於國家的觀念，往往趨於導致對市民社會自
決於國家的天然權利的認定，而且在這種權利
受到侵犯的情形中它不容許折衷。支撐這種不
妥協態度的信念乃是：只要某一命題是顯而易
見的，那麼它也就當然可以被視作是公理；姑
且不論這種信念正當與否，此處需要指出的毋
寧是「市民社會有權自決於國家」的公理往往

容易被利用，正如A. D. 史密斯所說，「事實
上，自治的神話有可能被一些蠱惑民心者和極
權主義領導人用作一種偽裝；某一運動或黨派
及其領導者被認為反映和表達了人民的自決和
自主，因為這種運動或黨派及其領導人體現了
『民族靈魂』和人民的『使命』」[38]。歷史上有
許多反現行制度的運動都是假著「多數同
意」、「人民主權」等名義而趨向於極端的，
致使國家吞併市民社會，並最終構成對市民社
會與國家關係的大破壞。[39]其次，所謂市民社
會外於國家的觀念，恰如前所述，實質上是一
種非政治化的路向，因為它往往容易把人們誤
導入一種無政府的狀態。在這裏，國家充其量
只是「守夜人」，整個市民社會的興衰都取決
於那隻盲目且因果的「看不見的手」，而結果
就是在經濟領域中因分配不公而形成的貧富懸
殊，以及因少數壟斷的出現而導致的透過經濟
權力對個人自由的控制。這種導向的結果也從
另一個面相上構成了對市民社會的破壞，並在
十九世紀與二十世紀之交得到了歷史的證明。

與此同時，這種非政治化的趨向，倘若推向極端，也會從根本上抹殺政治這一維度本身之於人類的重要意義。B.科里克曾經指出，「一個自由國家的精神共識，不是一種神秘的先於政治或超政治的東西，而是政治本身的活動」。然而，一些所謂的「自由主義者」卻「試圖享受政治的一切果實，而不付任何代價或正視其艱辛。……他們力圖摘取每一顆果實（自由、代議政府、政府清廉、經濟繁榮和義務教育制等等），然後禁止這些果實再與政治發生關係」。[40]

總之，洛克式「市民社會先於或外於國家」的架構，在本質上是一種主張市民社會決定國家的理論；這意味著，市民社會創造了國家，但國家對市民社會只具有工具性的作用，而且市民社會透過對其自身先於或外於國家的身分之規定或對國家權力的限定，而在根本上構成了對國家侵吞市民社會的可能性的一種抵制力量甚或革命的力量。從相反的角度看，這一架構在某種程度上也否定了國家及其建制之於市

民社會的正面意義。

（二）黑格爾「國家高於市民社會」的架構

恰如前所述，黑格爾認為，市民社會乃是個人私利欲望驅動的非理性力量所達致的一種狀態，是一個由機械的必然性所支配的王國；因此，撇開國家來看市民社會，它就只能在倫理層面上表現為一種無政府狀態，而絕非是由理性人構成的完滿的狀態。這樣，作為「倫理理念的現實」和「絕對自在自為的理性」的國家，單憑定義就壟斷了一切道義資源，因為在黑格爾那裏，這些道義資源全然被排除在了他對個人人格和市民社會的考慮以外。因此，國家是絕對的，它體現了而且也只有它才能夠體現倫理的價值準則。正是在這個意義上，我們說黑格爾的理想國家並不是維繫和完善自然狀態（洛克－康德式觀點）的工具，而是對市民社會的保護和超越，因為國家絕對不是一個只考慮功利的機構，國家毋寧是目的。更確切地說，國家乃是相對於市民社會而言的一個更高

的新階段。

　　黑格爾透過對市民社會與國家的界定而推
導出了他所謂的「國家高於市民社會」的學理
框架，其基本內容是：第一，市民社會與國家
的關係是一種相別又相依的關係。「市民社會
依靠從國家那裏得到睿智的領導和道德的旨
意。……然而，國家也仰仗從市民社會那裏得
到實現它所體現的道德宗旨所需要的手段」。
[41] 第二，雖說市民社會與國家相互依存，但黑
格爾指出，它們又處於不同的層次。國家不是
手段而是目的，它代表不斷發展的理性的理想
和文明的真正精神要素，並因此而高於並區別
於市民社會的經濟安排以及支配市民行為的私
人道德規範，一言以蔽之，國家據此地位而保
護並超越市民社會。第三，由於市民社會是由
非道德的因果規律支配的，又由於它在倫理層
面上表現為一種不自足的地位，因此，對這種
不自足的狀況的救濟甚或干預，只能訴諸於整
個社會進程中唯一真正的道義力量，即國家。
在這裏，黑格爾提出了國家干預市民社會為正

當的兩個條件：一是當市民社會中出現非正義
或不平等現象（例如，一個階層對另一個或另
幾個階層的支配的情形）的時候，國家就可以
透過干預進行救濟；二是為了保護和促進國家
自己界定的人民普遍利益，國家也可以直接干
預市民社會的事務。[42]

　　黑格爾所謂「國家高於市民社會」的架
構，顯然與洛克式「市民社會先於或外於國家」
的架構相反，因為它肯定了國家與市民社會關
係間國家及其建制對於型構市民社會的積極作
用，但是反而觀之，由於它在原則上承認國家
對市民社會的滲透甚或統合的正當性，以及確
認市民社會在道德層面的低下地位，因此它也
就在某種意義上否定了市民社會之於國家建構
的正面意義。如果說在一個不曾有過自下而上
的革命、一個一以貫之自上而下推進民族國家
型塑、一個商品生產和交換發展緩慢、一個具
有根深柢固的Obrigkeits staat傳統以及公民政
治文化極其脆弱的國家，黑格爾當時以一個
「一向對政治有一種偏愛」[43]的思想家身分而

表現出來的對德國現實政治的關懷，以及從這
種關懷中生發出來的「國家高於市民社會」觀
點，有著一定的現實合理性，那麼，黑格爾這
一「國家高於市民社會」的學理架構，以及他
透過對歷史現實和某些冷酷的政治現實的分析
而達致的把國家和強權等而視之並視其為至上
獨尊的觀點，則構成了對自由主義思想發展的
一種歷史反動，因為它根本否定了自由主義者
將神性國家降至於世俗公益機構的正面意義，
進而又將國家籠罩於某種不可質疑的神性光環
之中，一如霍布斯所言，黑格爾所主張的「國
家高於市民社會」的觀點，實際上是一種「荒
謬惡毒的神性國家說，實為反抗十九世紀唯理
的民主的人道主義之最強烈的基礎理論」。[44]

　　當然，黑格爾「國家高於市民社會」架構
的最大誤導在於：它所認定的國家或政治的至
上地位以及一切問題都可最終訴求國家或依憑
政治而獲致解決的觀點，實際上隱含著國家權
力可以無所不及和社會可以被完全政治化的邏
輯，而這種觀點及其隱含的邏輯又往往容易被

用來為極權或集權的統治張目。眾所周知，在
這種極權或集權的統治下，市民社會因被完全
政治化而會被統合於國家之中並遭到徹底扼
殺。自十九世紀中葉始，國家這個概念就常常
被一些別有用心的人在黑格爾辯證哲學術語的
掩蔽之下偷偷地挪用出來，而且值得我們注意
的是，他們在挪用國家概念的時候所揚棄的只
是它的術語形式，因為它仍保有著它原本具有
的基本特徵；這樣，國家這個概念便被轉化成
了一種對強權的理想化，進而還把下述兩種觀
點融合在一起：一是對撇開武力談理想的情形
持有一種幾乎是實利主義的蔑視，一是對武力
抱有一種幾乎可以自證為正當的道德崇拜。羅
素就曾正確地指出，黑格爾這樣一種國家學
說，「如果承認了，那麼可以想見的一切國內
暴政……就都有了藉口」。[45]薩拜因也對這種
誤導的結果做出了這樣一種結論：「對國家加
以理想化，以及對市民社會給予道德上的低評
價，這兩者結合在一起不可避免地會導致政治
上的獨裁主義」。[46]黑格爾「國家高於市民社

會」觀所產生的誤導，由歷史無情地在二十世
紀做出了驗證，因為社團主義（亦稱「大國家
主義」）[47]和法西斯極權主義在二十世紀正是
經由這種誤導而表現為國家絕對至上和國家赤
裸裸地全面統合市民社會。

透過上述對演化生成於市民社會與國家分
野進程中的洛克式「市民社會先於或外於國家」
和黑格爾「國家高於市民社會」兩種架構的粗
略分析，我們可以發現，這兩種關係架構對不
同側面的強調，亦即洛克透過對國家權力範圍
的限定而對市民社會的肯定以及黑格爾經由對
市民社會的低評價而對國家至上的基本認定，
構成了它們之間的區別，從而在歷史中表現為
彼此間的互動。與此同時，我們還可以發現，
市民社會與國家關係的學理架構因直面現實而
往往具有很強的實踐意義。上述兩種關係架構
在歷史進程中都曾被轉化為現實的政治運動，
因此對任何一者不加制衡的發展，都會構成對
現實的誤導。然而，也正是在這個意義上，我
們說這兩種架構相對於對方都具有某種制衡性

的作用，而且還在歷史進程中彼此構成了相互
制約的關係。因此，如果我們力圖探究中國的
國家與市民社會間的關係架構，那麼我們就必
須對這兩種架構所形成的「市民社會決定國家」
和「國家高於市民社會」兩大理論中的各種觀
點[48]做出更為認真的爬梳工作，以求釐清其間
有益於中國社會的種種觀點。不過，我們在這
裏至少可以得出這樣一個結論：對於我們來
說，市民社會與國家的關係架構絕非只有非洛
即黑的選擇，而毋寧是二者間的某種平衡，亦
即我曾經努力型構的市民社會與國家間良性的
結構性互動關係。[49]

注 釋

[1]
參見《布萊克維爾政治學百科全書》「市民社會」條
目，鄧正來主編譯，中國政法大學出版社，1992年
版，頁125-126。

[2]
參閱N. Bobbie: "Gramsci and the Concept of Civil
Society", in J. Keane, ed.: *Civil Society and the State*,
1988, pp. 79-80.

[3]
見 "society" 條目，*International Encyclopeadia of
Social Sciences*, Volume 14, p. 578.

[4]
同上，p.580.

[5]
參閱薩拜因，《政治學說史》第5-9章節，商務印書
館，1987年版；當時人們對公民身分的取得以及對人
們的政治資格及其血緣的關係的規定，都有助於我們
理解這一思路。

[6]
參閱《布萊克維爾政治學百科全書》「中世紀政治思
想」條目，鄧正來主編譯，中國政法大學出版社，
1992年版，頁465-469。

[7]
《馬太福音》第22章，21節。

[8]
例如，霍布斯認為，既然人們透過契約把自己的全部
權力都交給了統治者，而且又由於統治者不是締約一
方，那麼，統治者或國家的權力就應當是無限的和不
可限制的；參閱霍布斯，《利維坦》，商務印書館，
1985年版。洛克則認為，國家或政治社會是基於人們

的同意而建立的，是以個人的同意為依據的，人們透
過社會契約賦予國家的並不是他們所擁有的全部的自
然權利，而只是其中的一部分，因此國家的權力是有
限的；參閱洛克，《政府論》（下篇），商務印書館，
1986年版。此外，關於早期自由主義的問題，請參見
哈耶克，《自由秩序原理》，鄧正來譯，三聯書店，
1997年版；哈耶克，《法律、立法與自由》，鄧正來
等譯，中國大百科全書出版社，1999-2000年版。

[9]
　J. Keane認為，在黑格爾以前有三種模式，即霍布
斯、洛克和潘恩三種模式；參閱他所著的*Democracy
and Civil Society*, Verso, 1988, pp. 34-36。筆者以為，
潘恩只是對洛克的極端，劃分出來無甚意義；而關於
霍布斯模式，由於他主張主權論等觀點，所以本文認
為它不具有代表性。

[10]
　洛克，《政府論》（下篇），商務印書館，1986年
版，頁78。

[11]
　同上，頁70。

[12]
　同上，頁5。

[13]
　《潘恩選集》，商務印書館，1981年版，頁143。

[14]
　同上，頁36。

[15]
　同上，頁3。

[16]
　巴林頓·摩爾，《民主和專制的社會起源》，華夏出
版社，1987年版，頁5。

[17]
　參閱《布萊克維爾政治學百科全書》，鄧正來主編
譯，中國政法大學出版社，1992年版，頁128；這裏

需要指出的是，重農主義者魁奈主張的國家「合理專制」及Ferguson對市民社會能否避免專制的擔憂以及他對市民社會將導致公共精神喪失的論斷，恐未必與自由主義傳統相符合，也極為繁複，因此需要另加討論。

[18] A. 皮埃特，《經濟的三個時代》，頁229，轉引自佩爾努，《法國資產階級史》，上海譯文出版社，1991年版，頁212。

[19] 轉引自佩爾努，《法國資產階級史》，上海譯文出版社，1991年版，頁209。

[20] 參閱《馬克思恩格斯全集》，第1卷，頁334、430等。

[21] 1767年，重農學者亞當‧福格森出版了*An Essay on the History of Civil Society*一書；次年，該書被譯成德文發表，civil society一詞被譯為Bürgerliche Gesellschaft。黑格爾正是從這裏接受了這個術語。

[22] M. Riedel: "The Concept of 'Civil Society' and the Problem of its Historical Origin", in Z. A. Pelczynski, ed. *The State and Civil Society*, pp. 3-4.

[23] 參閱J. Keane: "Despotism and Democracy", in *Civil Society and the State*, p. 63.

[24] 薩拜因，《政治學說史》，商務印書館，1987年版，頁817。

[25] 黑格爾市民社會重要內容之一是多元體系，並成為日後市民社會的一個核心成分，亦是日後形形色色多元

主義的淵源之一，因篇幅所限，此處不論。而黑格爾
所討論的司法體系則是作為「外在國家」的市民社會
的內容之一，因此不屬於本章考慮範圍。

[26]
　參閱黑格爾，《法哲學原理》，商務印書館，1982年
版。

[27]
　同上，頁253。

[28]
　同上，頁253。

[29]
　儘管自由主義者並沒有明確使用市民社會這一術語與
國家相區分，但是他們的理論當中卻隱含了很深刻的
以及基本上含有黑格爾市民社會內容的市民社會與國
家關係的認識；尤其是J. Keane等人認為，M. Riedel
誇大了黑格爾對市民社會理論的首創作用，他們認為
其實在黑格爾之前，已經產生了相當明晰的市民社會
與國家關係的認識。筆者同意這一觀點，並明確認
為，黑格爾只是完成了市民社會與國家的學理分野，
但是在此之前，早期自由主義者已經明確形成了兩種
關於市民社會與國家關係的架構。

[30]
　《十六世紀—十八世紀西歐各國哲學》，商務印書
館，1988年版，頁474。

[31]
　同上，頁477。

[32]
　洛克，《政府論》（下篇），商務印書館，1986年
版，頁58。

[33]
　《十六世紀—十八世紀西歐各國哲學》，頁480-481。

[34]
　洛克，《政府論》（下篇），商務印書館，1986年
版，頁149。

[35]
參見《布萊克維爾政治學百科全書》,「自由主義」
條目,鄧正來主編譯,中國政法大學出版社,1992
年版,頁415。

[36]
同上,「洛克」條目,頁427。

[37]
同上,「自由主義」條目,頁416。

[38]
同上,「自治」條目,另參見「自決」條目,頁693-
694。

[39]
這裏需要指出的是,此處不包括反殖民統治的民族解
放運動和反專制統治的解放運動。

[40]
B. Crick: *In Defense of Politics*, 1964, p. 24.

[41]
薩拜因,《政治學說史》,商務印書館,1987年版,
頁729。

[42]
參閱J. Keane: "Despotism and Democracy", in *Civil
Society and the State*, p. 53.

[43]
《黑格爾政治著作選》,商務印書館,1981年版,譯
者序,頁1。

[44]
霍布斯,《形而上學的國家理論》,參見迦納,《政
治科學與政府》,頁419。

[45]
羅素,《西方哲學史》(下卷),商務印書館,1976
年版,頁289。

[46]
薩拜因,《政治學說史》,商務印書館,1987年版,
頁729。

[47]
此處指法西斯極權主義者推行的「社團主義」觀,而
不是指戰後已經發生改變的那種「社團主義」觀。

[48]
如托克維爾、馬克思、葛蘭西以及新馬學派的觀點。

[49]
　　關於這一主張，請參閱鄧正來和景躍進，〈建構中國
　　的市民社會〉，《中國社會科學季刊》，1992年11月創
　　刊號；現收入本書「附錄」部分。

第三章
中國市民社會研究的研究

一、前提性分析

　　正如我們在本書開篇所指出的那樣，囿於篇幅，我們只能在這裏對中國大陸的市民社會研究做一番考察和檢討。如果說市民社會研究題域中的一部分主要論涉的是國家及其建制以外的領域，那麼較不嚴格地講，在中國八〇年代的改革進程中，隨著中國1978年以前的城鄉二元結構向變遷著的城鄉結構與新生的主要發

生在城市中的結構（即體制內與體制外的結構）
並存的雙二元結構的轉換[1]，中國大陸的一些
學者已經提出了種種類似市民社會式的觀點，
例如，梁治平的家族與國家論點、樊綱的「灰
色市場」論、魯越的馬克思的「國家－社會關
係」觀、「公民社會」觀等等[2]，儘管他們在
研究的過程中大多沒有直接援用市民社會的分
析框架或市民社會的概念。然而需要指出的
是，這些討論因種種緣故而未能夠在八〇年代
的中國大陸形成一種有影響力的話語。中國市
民社會的研究，從話語建構的角度來看，真正
興起乃是在九〇年代初；當時，在學者自己主
辦的《中國社會科學季刊》以及中國社會科學
院主辦的《中國社會科學》等刊物的推動下
[3]，在中國大陸逐漸形成了一股極具影響力的
市民社會理論思潮和論爭，並在某種意義上為
研究中國的國家與社會關係和中國社會發展等
論題提供了一種新的分析框架或解釋模式。

　　毋庸置疑，中國市民社會話語的建構，本
身便是一多個角度、多個層面的論辯過程，而

其中最重要的論辯則集中表現在下述兩個題
域：一是對市民社會這一源出於西方歷史經驗
的理論模式能否在中國作為一種社會實體而加
以建構的論辯，二是對市民社會作為一種解釋
模式所反映出來的「現代與傳統」的思維架構
及其理論預設中的各種理論問題而展開的論
爭。應當承認，這些極富學術意義的討論或論
辯在對一些問題加以廓清的同時也拓深了中國
市民社會的研究。但是我認為，在這些論辯或
討論中也出現了一種妨礙進一步拓深中國市民
社會研究的障礙，即一些論者認為，既然把市
民社會當作一種實體社會在中國加以建構在很
大程度上是不可能的，那麼市民社會作為一種
理論模式，對於中國來說也是不可能具有什麼
意義的。作為結果，這類論點既阻礙了人們對
中國式市民社會內涵及其實現的道路進行研
究，也妨礙了人們對市民社會作為理論解釋模
式所可能具有的正面意義進行深入的分析。

　　我們必須指出，中國市民社會研究的論題
之所以按照這種方式提出，有關討論也之所以

依照這種路徑展開，實是因為一個更為根本的
但卻往往被人們忽略的問題所致，即市民社會
對於中國市民社會論者來講，無疑有著兩項可
資運用的資源：一是市民社會作為中國現代化
發展過程中的一種實體社會的資源，另一是市
民社會作為一種認識中國現代化發展的理論解
釋模式的資源；這在中國市民社會論者的研究
中也就具體表現為他們在將市民社會作為中國
現代化的具體道路和某種目的性狀況加以建構
的同時，也將市民社會作為認識和解釋中國現
代化進程的分析框架加以採用。當然，市民社
會對於中國論者之所以擁有這兩種資源，最主
要的是由中國市民社會論者──與其他研究當
代中國社會轉型的學者一樣──既關注中國發
展的具體道路又承擔著認識中國發展進程的知
識增長的學術使命所規定的。但是值得我們注
意的是，市民社會因這兩種取向而凸顯出來的
「實體社會」與「理論思維模式」這兩種資
源，在中國市民社會論者的具體研究中卻並沒
有得到明確的分殊，也沒有得到自覺的探討，

而是處於一種極度的含混狀態。實際上，市民社會之於中國論者的這兩種資源，一開始就存在著某種深刻的內在緊張。正是對這種內在緊張缺乏足夠的知識自覺，引發了中國市民社會論者在研究過程中的種種問題。

當然，對中國市民社會研究上述兩種取向之間所存在的緊張進行分析，完全可以沿循不同的進路予以展開，然而為了強調這種緊張以及因此而產生的種種問題在中國場域中的具體感，我們將在這裏把分析的範圍局限於對中國論者在九〇年代提出的各種市民社會觀點進行檢視，從而遵循的是一種反思及批判的理路，在某種意義上也就是皮爾・布迪厄（Pierre Bourdieu）所主張的那種對知識界業已形成的學術性常識（scholarly common sense）進行反思社會學的分析的理路[4]：這就是說我們必須對市民社會研究過程中形成的各種「學術性常識」展開清釐和批判。當然，對中國市民社會研究進行布迪厄那種反思社會學的再思考，顯然不是我們在這裏所能完成的任務[5]，但是，

我們對中國市民社會研究所持的這種檢討和批
判的立場，卻至少反映出了他所主張的作為一
名學者對知識應有的批判立場；毋庸置疑，我
們在作為批判者的同時，實際上也變成了研究
的對象或者成了我們所批判的對象的一部分
[6]。我以為，如果我們能夠透過對既有的各種
市民社會觀點的檢討而揭示出中國市民社會研
究中這兩種取向間的區別以及其間所存在的緊
張，不僅可以使中國市民社會論者在進一步的
研究中對這個問題保有知識上的自覺，而且還
將有助於人們對這兩個既相關又不盡相同的問
題採取不同的研究策略並做出各自的回答。

　　因此，我們在這裏所採取的具體分析步驟
又與中國論者採用市民社會概念並展開其研究
過程中的另外兩個因素緊密相關：市民社會這
個概念以及由此產生的一般性框架，無論如何
都是源出於西方的歷史經驗和西方人對國家與
社會間關係的認識的，因此它對於並無此種經
驗和觀念的中國論者而言無疑是一舶來的觀
念；更為重要的是，中國論者並不是在國家高

度統合社會的時期，而是在國家變更其職能而
逐漸地撤出其不應干預的社會經濟領域或者說
以一些新形式與社會經濟領域發生互動[7]這樣
一個社會轉型時期展開市民社會研究的。我們
之所以要強調指出這一點，其目的就是要說明
中國學者的市民社會觀，從知識社會學的角度
看，很難擺脫中國現代化實際發展境況的規定
性以及西方[8]思維框架對中國論者的影響。據
此，我們將根據分析範圍的限定以及因社會性
因素的影響而形成的中國市民社會研究的特
性，而把具體分析分為三個部分：第一部分對
中國論者採用並提出市民社會觀所針對的現實
問題及知識背景進行分析；第二部分對中國學
者所提出的市民社會觀點以及在此基礎上展開
的理論爭論進行分梳；第三部分則將這些觀點
和爭論與其產生的背景相聯繫並對這些研究中
所存在的種種問題進行探究和批判，並試圖指
出這些研究中所可能引發的一些值得中國學者
進一步思考的問題。

二、中國市民社會研究的背景

（一）結構性挑戰與「活亂」循環

　　中國市民社會研究的展開，除了所訴諸的
理論資源以外，主要是以中國自身場域中的兩
項因素為背景的：簡單言之，一是中國的現代
化發展的現實問題，二是針對這一現代化發展
進程的問題而在知識界形成的相關論爭。就前
者而言，自鴉片戰爭始，中國現代化發展便始
終面臨著一個嚴峻的結構性挑戰：作為現代化
的「遲－外發型」國家，中國現代化的展開，
在某種意義上講，並不是一個客觀的自然進
程，而是一種由國家強行實施的政治計畫或安
排；據此邏輯，中國在引入種種並不為其歷史
文化所知道的現代性的變革過程中，就必須作
出相當幅度的政治和社會結構調整，以容納和
推進這種現代化的發展。在這種結構性調整的

過程中，一個特別引人注目的事實是，政治、社會及經濟變革引發或導致了既有權威的合法性危機，進而導引社會結構的解體、社會的普遍失範、甚或國家的分裂，而作為對這種失序及失範狀態的回應和救濟，政治結構又往往會轉而訴諸傳統文化的、軍事的、象徵性符號等資源來解決合法性危機的問題，結果便是使政治、社會及經濟的變革胎死腹中。

1949年以後，在高度政治化和計劃經濟安排的架構中，歷史上形成的兩極徘徊邏輯則表現為「一放就亂，一亂就統，一統就死，一死再放」（中央與地方關係方面）以及「精簡－膨脹－再精簡－再膨脹」（政府機構變革方面）的惡性循環[9]；而在1978年經濟改革以後，這種邏輯在經濟領域中又比較典型地表現為一些經濟學者所稱之為的經濟變革中的「活亂」循環：「在宏觀政策環境沒有根本改變的情況下，應付這種經濟週期的辦法就是採用舊的治理手段，進而導致傳統經濟體制復歸。『一收就死』是傳統經濟體制復歸的必然結果；效率

與速度的要求便又被突出出來，於是再一次放
開」[10]。

（二）新權威主義與民主先導論的論爭

　　中國市民社會研究展開的另一個方面的背
景，乃是知識界在八〇年代為回應中國現代化
進程中種種困境而展開的一系列的論戰，其間
最為凸顯的則是論者們於八〇年代末就中國現
代化道路的選擇問題而展開的「新權威主義」
的討論，此一討論後來因那種作為反對新權威
主義觀點的「民主先導論」的加入，而將論爭
的焦點極為明確而具體地轉向了政治體制改革
與經濟體制改革的關係這個題域[11]。

　　新權威主義者對改革進程中出現的社會失
序現象充滿憂慮，所以他們強調權威的重要
性，並且主張在原有體制向現代商品經濟和民
主政治發展的過程中，需要建立一種強有力的
具有現代化導向的政治權威，以此作為社會整
合和保證秩序的手段，為商品經濟的發展提供
良好的社會政治環境和條件。新權威主義對中

國現代化的道路的選擇，所依據的乃是這樣一種邏輯：在中國對政治民主和經濟發展具有共時性需要的改革過程中，必須首先關注市場經濟的營建，因為「在市場化的前提下，每個個人的權力都不可能達到獨裁的程度，地方的分權也難以造成地方的割據。這就保證了民主政治的健康運行。……因此，在市場化之初，實行普選制，最有可能的結果就是成為各種抗拒市場的傳統力量分割權力的『狂歡聚會』，而只有新權威才有可能從經濟生活中拉出政治干預的有形之手，推進市場化的進程」[12]。

　　然而，新權威主義的上述觀點首先受到了民主先導論的強烈回應。一如前述，由於新權威主義認為，任何一個國家要實現經濟現代化都必須經過一個集權政治和市場經濟相協調發展的「蜜月期」，所以它主張中國的改革道路將不是全面地推進政治民主化，而是實行必要的政治權威集中；但是，民主先導論卻認為，這種觀點顯然將中國歷史背景與其他國家或地區的歷史混為一談了。正如有論者指出的那

樣，「我國歷史上的封建制並非莊園式的，從秦始皇統一六國以後，我國就是一個中央集權的封建主義國家。直到慈禧太后以至民國以後的袁世凱等，所有這些統治者都是專制君主，他們不允許有任何發展商品經濟的自由，根本談不上什麼『專制與自由的蜜月期』。要發展商品經濟，必須建立民主政治，要使經濟體制改革取得成功，必須有政治體制改革加以配合甚至先行，這已經為我國以及其他國家的歷史經驗所證明」[13]。由此可見，民主先導論所強調的乃是原有政治體制對中國現代化進程的障礙面向，所以它主張中國的改革必須以政治體制改革為先導。

儘管新權威主義和民主先導論的論戰表現出了二者在如何選擇中國現代化道路的問題上所存在的巨大差異性，但是，如果我們對這兩種觀點做進一步的深入探究，那麼我們可以發現，它們二者之間仍然存在著某些相同的地方；我們在這裏至少可以簡單地概括出如下幾點：首先，這些論者在思考中國現代化進程問

題的時候，實際上都把這個複雜的問題化約成
了政治－經濟關係的問題，換言之，他們乃是
在政治（無論是集權制還是民主制）與經濟的
框架支配下思考中國現代化道路的，至少在中
國現代化的動力方面是從政治驅動角度進入
的；其次，無論是新權威主義者還是民主先導
論者，在思考和討論中國現代化道路問題的時
候所採取的思維方式基本上是相同的，亦即一
種自上而下的思維方式：具體來講，新權威主
義及由此變異出來的新保守主義明確信奉「開
明權威」、「具有現代化頭腦」或「具有現代
化導向」的權威，而民主先導論中的一種觀點
也主張從國家政治生活的最高層面考慮問題：
呼籲修憲、議會政治、多黨角逐等，進而自上
而下地推進社會層面的大眾民主政治以及中國
現代化的發展。

（三）市民社會理論對上述問題的論辯

正是針對上述發生在中國經驗場域中的問
題和知識場域中的論辯，一些中國學者經過認

真而嚴肅的思考，於九〇年代初在現代化的脈
絡中提出了市民社會的理論。因此，上述經驗
層面的問題和理論層面的論爭，不僅構成了中
國學者展開市民社會研究的背景，實際上也構
成了中國市民社會論者試圖回答的問題：從經
驗的層面來講，市民社會論者力圖根據國家與
社會的分析框架解釋中國改革為什麼會出現上
述所謂「活亂」或「鬆收」的惡性循環並陷於
其間不可自拔的現象；而從理論的層面言，市
民社會論者則力圖對新權威主義與民主先導論
所共同依據的「政治－經濟」框架和「自上而
下」的思維路徑提出質疑和進行論辯。需要強
調指出的是，市民社會論者就上述兩個方面的
努力，並不是截然分開進行的，而是並存混合
於他們的討論之中的。

　　首先，中國市民社會論者對新權威主義者
和民主先導論者所採用的「政治—經濟」分析
框架提出了質疑[14]。市民社會論者認為，儘管
新權威主義與民主先導論所依據的是「政治－
經濟」架構，但是他們的這一框架卻與現代化

理論所主張的那個已具經典意義的「政治－經濟」分析框架不盡相同，因為一般而言，現代化理論雖說不追究自由民主政治的前因後果，但卻往往認定經濟發展對政治民主化的正面的經驗性關聯[15]；然而，不論新權威主義主張的集權制還是民主先導論倡導的民主制，卻都認定了政治對經濟發展間的正面相關性，或者說預設了政治安排可以在很大程度上決定經濟的發展。這裏必須指出的是，新權威主義和民主先導論的這種「政治主義」的政治－經濟架構，在某種意義上是對政治安排與經濟發展間關係的簡單解讀，因為複雜的歷史經驗表明，政治安排的選擇與經濟發展並不存在必然的直接的因果關係；僅就經濟發展而言，更為關鍵的可能是對有效的產權制度的選擇[16]。與此同樣重要的是，在市民社會論者看來，新權威主義和民主先導論將中國發展進程中的「活亂」或「鬆收」問題簡單地化約成「政治——經濟」問題，無疑掩蓋了中國現代化問題的複雜性，至少忽略了國家與社會間良性的結構性安排以

及這種安排的制度化在中國社會轉型的具體場域中對於政治－經濟關係所具有的極為重要的意義；正是由於他們對中國現代化種種問題的簡單化處理，所以他們未能夠提出一條使中國改革走出「活亂」或「鬆收」循環困境的道路。國家與社會間「良性的結構性安排以及這種安排的制度化」，在這裏是指，在中國營建市場經濟的前提下而逐漸形成國家與社會的二元結構，在國家進行宏觀調整或必要干預與社會自主化進程（或以市場經濟為基礎的市民社會的建構進程）之間確立制度化的關係模式和明確的疆域。

其次，與新權威主義及民主先導論所主張的「政治－經濟」分析框架具有某種內在邏輯關係的是，一如上文所述，他們採取的那種「自上而下」的思維進路。新權威主義和民主先導論採取的那種「自上而下」的思維進路，乃是以發展理論中的某些觀點為基礎的。發展理論認為，在後發或外發型的社會中，國家將在現代化發展進程的社會動員、資源集中、以

及目標實現等方面發揮巨大的作用；發展理論
對國家的強調，從某個方面來講，實際上是針
對西方自由主義理論所主張的那種「政府管得
越少越好」的觀點而提出的論辯，因為它指出
了國家在早發或內發現代化社會與後發或外發
社會中所具有的不同的功用。但是不可忽略的
是，後發或外發型社會因國家在其間所承擔的
角色的不同而一定會產生出不同且複雜的種種
類型，因此不能簡單地將後發或外發型社會一
概等而視之，更不應當將國家原本在其間承擔
的角色想當然地趨同視之。眾所周知，中國的
改革，實際上是在「全權」國家（all-powerful
state）的基礎上出發的，因此具體的改革進路
也就是國家將部分權力歸還社會的過程：放權
讓利、微觀搞活、體制外空間的建構、資源的
重新配置等等，都是這一改革向度的表現。然
而，新權威主義和民主先導論所主張的「自上
而下」的思維進路，對於中國的改革而言，卻
有可能誤置國家在其間的運動方向和作用限
度；更為重要的是，那種「自上而下」的思維

進路，還將關注視角僅僅局限於國家對社會的
單向度關係方面，忽略了中國改革以後社會一
面的發展和變化，因而也就切割掉了對反向的
社會對國家的關係以及其間最為重要的社會與
國家間「討價還價」或互動關係的關注，然而
一如我們所知，恰恰是在這種特有的社會與國
家的互動關係中，正在逐漸形成種種新的結構
性因素和極富意義的制度創新，例如，產生了
農村經濟上的有效產權安排[17]，產生了體制外
整合或協調個體與個體或個體與國家關係的
「半官半民」性質的社團或個體協會[18]，產生
了新型的維持社會秩序的家族文化——亦即國
家「社會體制」因家庭聯產承包責任制的推行
而實際上從村一級社會中撤出以後才得以產生
的那種社會力量[19]，產生了既不同於計劃經濟
又與私有經濟相區別的混合型經濟[20]等。因
此，一些市民社會論者認為，「中國現代化兩
難癥結真正的和根本的要害，在於國家與社會
二者之間沒有形成適宜於現代化發展的良性結
構，確切地說，在於社會一直沒有形成獨立

的、自治的結構性領域」[21]。

三、中國市民社會研究的展開及其核心問題

中國的市民社會研究，雖說是知識界從理論層面對中國現代化進程中的經驗層面的問題所做的一種回應，但是一如上文所述，中國市民社會論者的理論資源則取自西方，這就必然要求中國學者對源自西方的各種市民社會理論進行分析並對其間所涉及的西方市民社會發展的經驗進行研究；從另外一個角度看，中國市民社會論者對西方市民社會理論的研究本身實際上並不是目的之所在，而只是為了解釋中國本土問題的手段，換言之，中國市民社會論者的目的是要借用西方的市民社會觀點對中國的問題進行研究並對它們做出解釋；進而，這種將西方的市民社會理論或西方的市民社會模式適用於中國的做法，必定會使一些論者對這種

適用提出質疑，並在這種質疑的基礎上又形成
了一些新的市民社會研究。上述三個方面的研
究有著深刻的內在勾連，而且所涉問題也很
多，但是為了從總體上把握中國市民社會論者
的觀點及背後所蘊涵的基本取向，我們在這裏
將圍繞著已有的研究文字都論涉到的「市民社
會與國家」問題展開分析，這不僅是因為市民
社會觀內在涵義發展演化的要求，而且也是因
為這個問題本身就是市民社會研究得以展開或
者它賴以為基礎的中國現代化進程中的核心問
題。然而，在論述這個問題之前，我們有必要
先就與市民社會這個概念相關的一些問題進行
討論。

（一）市民社會概念及其應用問題

綜觀中國學者的市民社會研究，我們可以
發現，就迄今的研究文字而言，中國論者一般
都將出自於西方經驗及智識傳統的civil society
以及相應的德語詞Burgerliche Gesellschaft翻譯
成「市民社會」[22]。然而，一如我們所知，撇

開「市民社會」一術語被提出以後的種種變異
不論，該術語所具有的極為紛繁複雜的涵義，
從歷史角度觀之，集中表現為兩種觀念，一是
被今人譯成「文明社會」的前近代政治觀，另
一則是被譯成「市民社會」的近代政治觀。

所謂「文明社會」，乃是指與自然狀態
（state of nature）相區別或與自然狀態相對的
政治社會或國家；在古希臘先哲亞里士多德那
裏，所謂civil society（即koinonia politike）一
詞，係指一種「城邦」（即polis）[23]。後經西
塞羅於西元一世紀將其轉譯成拉丁文societas
civilis，不僅意指「單一國家，而且也指業已
發達到出現城市的文明政治共同體的生活狀
況」[24]。這種涵義的societas civilis後為人們廣
為採納，「霍布斯稱由國家保證其和平秩序的
社會為civil society。……事實上，在盧梭的著
作中，civil society指的就是國家，因為civil
society與自然狀態最大的不同點就是前者包含
了雄踞社會之上的國家」[25]。在這裏，「文明
社會」顯然不是指與國家相對的實體社會，所

以，civil society（societas civilis, societe civile）
與the state（civitas, etat, staat）也就可以互換
替用，巴布比曾經對這種狀況做過概括：在傳
統自由主義時代，眾所周知的兩個相對概念並
不是「市民社會與政治社會」，而是「自然狀
態與文明社會」，換言之，前國家人文階段的
觀念主要不是由「市民社會與國家」這對概念
促進的，而是由「自然狀態與文明社會」這兩
個相對概念提升的[26]。

　　所謂「市民社會」，乃是指在那些源出於
保護個人自由的思考以及反對政治專制的近代
自由主義政治思想、源出於對市場經濟的弘揚
以及對國家干預活動的應對的近代自由主義經
濟思想的基礎上而逐漸產生的相對於國家以外
的實體社會；一如前述，這在國家與社會的框
架下又大體形成了市民社會理論中的兩大智識
傳統，一為洛克式的「社會先於國家」或「社
會外於國家」的觀念[27]；洛克式的觀念，從其
自由主義的根源看，隱含有兩種未必截然二分
的思想導向：其一是透過市民社會前國家（或

前政治）的身分或品格（identity）而表現出來
的所謂捍衛個人權利或反權威的「反政治」導
向。在這裏，國家的存在乃是為了維護個人的
天賦權利，而個人權利的不可取消性則構成了
國家權威及其權力的限度；其二是透過市民社
會外於國家（或非政治）的規範框架而顯示出
來的社會完全可以不需要國家權力干預而自己
管理自己的「非政治」導向；這種導向受到重
農學派和古典經濟學的激勵，而且還在實踐層
面導致了一個受制於自身規律（「看不見的手」）
而毋需國家干預的經濟體系的出現。正如前
述，這在某種意義上表現為近代社會的基本組
織原則開始從宗教、政治等傳統權威式組織原
則向自由放任經濟的自生自發性組織原則的演
化。

　　另一個市民社會傳統則是我們所謂的黑格
爾式的「國家高於社會」[28]的架構；實際上，
市民社會與國家的真正分野是由黑格爾完成的
[29]。其基本內容是：第一，市民社會與國家的
關係是一種相別又相依的關係；第二，雖說市

民社會與國家相互依存，但是它們又處於不同
的層次，因為國家不是手段而是目的，它代表
不斷發展的理性的理想和文明的真正精神要
素，並依此地位高於並區別於市民社會的經濟
安排以及支配市民行為的私人道德規範，一言
以蔽之，國家依此地位保護並超越市民社會；
第三，由於市民社會是由非道德的因果規律支
配的，它在倫理層面上表現為一種不自足的地
位，因此，對這種不自足的狀況的救濟甚或干
預，只能訴諸於整個社會進程中唯一真正的道
義力量，即國家（以上討論亦見上一章）。

　　然而值得我們注意的是，「市民社會」傳
統於本世紀中葉以後在全球的復興，一如查爾
斯・泰勒所言，所旨在復興的「並不是那個使
用了數個世紀的、與『政治社會』具有相同涵
義的古老概念，而是體現在黑格爾哲學之中的
一個比較性概念。此一意義上的市民社會與國
家相對，並部分獨立於國家。它包括了那些不
能與國家相混淆或者不能為國家所淹沒的社會
生活領域[30]。但是，需要明辨的是，無論是在

東歐還是在臺灣地區，論者們所主張的「市民
社會」理念並不是黑格爾式的「國家高於市民
社會」觀，相反卻主要是根據其實踐策略而從
洛克式市民社會觀那個「社會先於國家」的反
政治面相或其後的葛蘭西的「市民社會」觀中
衍化出來的，而這正是大多數論者為什麼把東
歐的市民社會觀轉譯作「公民社會」的原因之
所在[31]，也是臺灣論者為什麼把此一術語譯成
與中國「民反官」傳統相符合的「民間社會」
的原因之所在。

　　論者們之所以將東歐的市民社會觀一般譯
作「公民社會」，主要是因為東歐論者對civil
society的定義「不僅包括了私域，而且也包括
了公域；不僅包括了不受國家干預的否定性自
由，而且也包括了參與國家政治事務的肯定性
自由。這樣定義的civil society，不許國家公共
權威涉足，卻有權過問國家事務。……它不再
是與自然狀態相對而言的『文明社會』，也不
是消極保護私域免遭國家權力染指的『市民社
會』。也許只有稱它『公民社會』才恰如其

分，因為每一個人作為公民都享受國家無權侵
犯的基本人權和影響國家政策過程的參與權」
[32]。而另一方面，臺灣論者之所以將civil soci-
ety 譯作「民間社會」，是因為臺灣論者相信臺
灣七○至八○年代民主政治的發展乃是各種由
下而上的社會運動所致，因此他們認為臺灣民
主政治的實現仍須依賴民間社會進一步的自下
而上的抗爭[33]；據此，「民間社會與國家」的
關係，在臺灣論者那裏，便更多地被構設為一
種由下而上的單向度的反抗威權「國家」的關
係，因此他們更傾向於將民間社會視作一種抗
爭「國家」的手段，而且「民間社會對國家」
關係的建構也就更側重於如何有利於實踐層面
的動員和抗爭。顯而易見，這兩種市民社會觀
之間存在著很多差異，但是在我看來，它們的
基本取向卻是相同的，即它們都立基於原有的
國家與社會的分野，尋求社會透過民主參與、
社會運動、自治結社以及輿論影響而對國家政
治決策施以影響。

　　從上面的論述中，我們可以發現，對於

civil society的不同翻譯，表明了此一術語的使
用者已然將自己的傾向注入了其間，也明確標
示出了使用者的明確取向；就知識論的角度
言，這一點也同樣適用於中國市民社會研究的
情形。一方面，坦率而言，中國市民社會研究
的展開，無疑是全球市民社會復興的一部分，
基本上也是在查爾斯·泰勒所言的黑格爾式與
國家相對的實體社會的框架下展開的，然而另
一方面，中國市民社會的研究，在某種意義上
又可以說是對洛克式傳統中「外於國家」的市
民社會觀的修正和發展。需要指出的是，由於
中國市民社會論者經由對自己所置身於其間的
中國現代化發展現實的體認而形成了一種強烈
的本土關懷以及一種對西方種種市民社會理論
的分析和批判，所以中國論者並沒有依循上述
東歐或臺灣論者的「公民社會」或「民間社會」
理路[34]，而是把civil society轉譯成了「市民社
會」。但是需要指出的是，與洛克式「外在於
國家」的市民社會觀又有不同，中國論者的市
民社會觀並不只是對市民社會與國家二元結構

的主張，因為他們更是在可欲可行的基礎上強
調市民社會與國家的良性互動[35]。關於這一
點，我們將在下述討論中國市民社會論者關於
中國市民社會道路選擇，以及國家與市民社會
關係型構方面的問題的時候加以充分闡述。

　　的確，中國市民社會研究乃是在與國家相
關的架構下展開的，但中國論者還是根據他們
自己的視角提出了他們對市民社會的理解；需
要指出的是，經過我對中國論者關於市民社會
的理解的分梳與研究，我發現要準確地闡明他
們的市民社會概念實是極為困難的，其部分原
因當然在於這項研究還在初始階段，另一部分
原因則是當下的中國市民社會研究主要是圍繞
著早期論者的觀點展開的[36]；據此，我以為應
當從把握中國市民社會論者的研究特點來展開
這方面的研究，而這個方面最為明顯的特點，
一如上述，無疑是與中國現代化進程正在展開
這個特點以及與市民社會這一概念的「舶來」
特性緊密相關的：前者意味著市民社會在實踐
層面的建構，而後者則標示出市民社會對於中

國所具有的某種目的性示範。

　　在這兩個特性的籠罩之下，中國的市民社會論者因而也主要是從下述兩個方面來型構他們的市民社會觀的：一個方面是將市民社會作為現實層面的對象加以建構，而這在他們的具體研究當中便表現為他們不得不將西方市民社會觀中所含有的從西方社會發展中抽象出來的種種結果性要素視作參照框架而對中國社會轉型過程中新出現的體制外因素、空間及機制進行經驗性的分梳，進而對新生體制外的社會要素與日漸變革的體制內要素或國家要素之間所形成的互動關係展開規範性的思考和批判；這一方面的種種觀點大體可以概括為：(1)市民社會既是以市場經濟甚或私有產權[37]為基礎的，也是以社會資源流動與社會分化為基礎的[38]，立基於其上的便是市民社會的私域；(2)市民社會的內在聯繫既不是血緣親情的關係，也不是垂直指令性的關係，而是內生於市場經濟之中的平等自治的契約性關係；(3)市民社會所遵循的乃是法治原則，以尊重和保護社會成

員的基本權利為前提；(4)市民社會內部的活動和管理具有高度但卻相對的自治性質：這種高度性說明了市民社會的成熟程度，相對性則表明了國家對其不自足的一面進行干預和協調的必要性；(5)市民社會奉行自治原則，因此個人參與各種社會活動是以尊重個人的選擇自由並輔以相應的責任為基礎的；(6)市民社會透過公共輿論來表達意見和交換意見，並據此以及透過社會運動來參與和影響國家的活動和政策的形成過程，而這種在國家政治安排以外的空間就是市民社會的公域[39]；(7)市民社會內部的民主發展進程[40]等。與此同時，這些關於市民社會的認識還起到了一種社會動員、批判現實及精神整合的作用。據此我們可以說，中國市民社會論者正是用這些要素對照現實並為社會的發展設定道路的[41]。

　　另一方面，市民社會則是作為認識及解釋中國現代化進程的分析框架或解釋模式而為中國市民社會論者加以採用的；在他們的研究中，這一點具體表現為他們力圖對知識脈絡中

業已存在的那些忽略社會面相或無視自下而上
之路徑的分析架構進行研究和批判，進而表現
為他們對中國現代化進程的認識的視角轉換——
——正如前述，這方面的努力實際上表現為中國
市民社會論者乃是從自下而上與自上而下的互
動角度提出並認識中國現代化的各種問題的
[42]。

　　中國市民社會論者對「市民社會」概念的
援用，直接引發了知識界對此一概念本身效力
的討論，尤其是對此一概念能否適用於中國的
問題提出了不同的觀點，歸納起來大概有如下
幾種：(1)一種觀點認為，借用西方概念來分
析文化背景不同的中國社會會產生許多問題，
應當謹慎行事且切忌套用；這種觀點甚至還主
張採用其他概念來分析現代化進程中的中國社
會而沒有必要採用市民社會這個術語[43]；(2)另
一種觀點認為，「市民社會」概念不僅在不同
的語言中、而且在不同的學科和學者中有著不
同的涵義，因此很難說這樣的概念在學術上有
什麼價值[44]；(3)還有一種觀點認為，在許多意

義上講，市民社會已經在現實中失去了它們的
對應物，所以「市民社會」概念是否還具有描
述能力便成了疑問；當然，這也是漢納‧阿倫
特（Hannah Arent）、傅柯（Michel Foucault）
和盧曼（Niklas Luhmann）等人在不同程度上
放棄使用「市民社會」這個概念的重要原因之
所在[45]。

　　然而，對於上述疑問，中國市民社會論者
也做出了各自不同的回應。他們認為：首先，
一如民主、自由、人權、憲政等概念，「市民
社會」概念雖然產生於西方社會的經驗和知識
傳統，卻有著超地域、跨文化的普遍意義和價
值，不僅能夠為我們所用而且也應該採用，儘
管這種援用必須考慮中國的具體國情[46]；至於
「市民社會」概念能否確當地適用於中國，則
完全取決於具體運用此一概念研究中國現代化
進程的論者所做的具體研究[47]；其次，市民社
會論者認為，雖然市民社會概念的涵義紛繁，
但是那種認為一個概念只有在獲得了精確而一
致的定義之後才可以運用的觀點，即使在科學

哲學和自然科學中也是一個過高的要求；不同
學科、不同學者所使用的「市民社會」概念，
儘管難以化約和概括，卻有著維根斯坦所謂的
「家族相似」的特性，因而可以在不同程度
上、在不同方面進行討論和交流[48]；最後，一
些市民社會論者認為，作為一個事實性概念，
「市民社會」從某種角度上講在當代已經基本
失效，但是我們卻必須把對一個概念的經驗－
理論的運用與規範－實踐的運用區別開來，或
者說，我們必須把作為事實性概念的「市民社
會」與作為價值概念的「市民社會」區別開
來；這樣，作為一個價值概念，「市民社會」
依舊可以被我們用來對現存社會進行批判、對
未來社會進行籌劃[49]。

（二）市民社會與國家

　　從上述討論中我們可以發現，不論是洛克
式或黑格爾式的市民社會觀，還是本世紀復興
以後的市民社會觀，實際上都沒有擺脫其在發
生學上與民族國家的緊密關係，因此市民社會

　　論者一般都認為，市民社會並不是一個獨立的
概念，它實際上更是在與國家的相對關係中獲
得其自身的規定性的，而英文中所謂 "civil
society vs. state" 的論題便明確體現了市民社
會的這一特性。與此基本相同，中國市民社會
論者在討論的過程中所涉及到的最為重要的問
題也是市民社會與國家的關係問題。在這一題
域中，論者們的討論主要集中在下述兩個既相
關又不同的方面：一是關於國家在建構市民社
會中的作用或者從另一個角度說是建構市民社
會的道路選擇的問題，二是關於國家與市民社
會的結構性關係問題。

　　　第一，市民社會建構或具體發展的道路問
題。這個問題之所以在中國市民社會論者處成
為問題，背後的深層原因大致有如下述：一是
一些中國市民社會論者經過對西方「早發或內
發」現代化國家及「外發或後發」現代化國家
的分析而認識到這二者之間存在著明顯的區別
[50]；他們認為，在西方早發或內發現代化國
家，市民社會的生成一般是經市民社會由下而

上自發地孕育和形成的，而它與國家的關係則
經歷了三個不同的發展階段，即體制外抗衡、
一體化發展、體制內自治[51]。因此，他們認
為，作為後發或外發現代化國家的中國，市民
社會的建構道路不僅不可能效仿西方國家，而
且也唯有根據中國的特定資源和制度安排來確
定自己的道路，市民社會的建構才是可能的。
另一個原因是他們認為中國歷史上不曾存在過
市民社會[52]；雖然市民社會的基礎是市場經濟
而且中國當下的改革也正在確立市場經濟，但
是市場經濟並不是市民社會的充分條件，而只
是一項必要條件，換言之，如果沒有確當的道
路，即使在市場經濟中也不可能建構起市民社
會。正是因為如此，中國市民社會論者才認定
建構市民社會的道路問題在中國當下的經濟改
革中有著極為重要的意義。

　　在關於中國市民社會道路方面的討論中，
中國市民社會論者的觀點主要可以概括為兩種
模式，一是所謂的市民社會建構二階段論模
式：「建構中國市民社會的具體策略是：採取

理性的漸進的分兩步走的辦法，亦即我們所主張的『兩個階段發展論』。第一階段為形成階段，其間由國家和市民社會成員共舉：國家在從上至下策動進一步改革的同時，加速變更政府職能，主動地、逐漸地撤出它不應當干涉的社會經濟領域；社會成員則充分利用改革的有利條件和契機，有意識地、理性地由下至上推動市民社會的營建。這一階段的活動主要集中和反映在經濟領域。第二階段為成熟階段，其間社會成員在繼續發展和完善自身的同時，逐漸進入『公域』，參與和影響國家的決策，並與國家形成良性的互動關係」[53]。其他一些論者則將市民社會建構的「形成階段」稱之為「社會自主領域」，它「指的是傳統體制下的社會個體、社會利益集團從國家直接支配和控制下脫離出來並獲得相對獨立性的階段」，而將「成熟階段」稱之為「市民社會」[54]。

　　另一種建構中國市民社會的模式乃是在上述論點的基礎上所形成的所謂「滾動式驅動理論」；依據這一理論，中國市民社會的建構將

循著三階段三種動力滾動式驅動的模式發展。
第一階段（七〇年代末至九〇年代初）為「政
策驅動」：市民社會生長發育時期。在現代化
的這一階段，社會資源的配置主要透過政府政
策進行，因此在調整它們與社會和公民的關係
中，政府自然處於積極主動的支配地位。這一
階段中國的市民社會還只是生長發育、積聚能
量，尚未獲得獨立自治的地位，因為它還不可
能對國家和政府起到監督平衡的作用。第二階
段為「體制驅動」：市民社會成長壯大時期。
體制的逐步健全使中國社會的現代化有可能超
越政策驅動的某些限制，進而轉向更為持續的
發展動力的開發，即體制驅動。體制驅動將自
然而然地導致國家與社會、政府與公民的二元
化，從而將在政策驅動繼續起作用的基礎上更
持久、更強有力地推進中國市民社會的成長壯
大。第三階段為「市場驅動」：市民社會進入
成熟時期。與中國社會現代化進程的這一階段
相伴隨，中國市民社會與國家的結構關係將發
生重大轉型：市民社會與國家、公民與政府將

在更高層次上實現一體化相互關係的建構。可以說，在上述三個發展階段中，這三種力量乃是同時存在並互補增益的，但是在不同的階段，其驅動力由各有側重並交互更替。市民社會將在這個過程中不斷地得到發展完善，並對現代化進程起著積極的推動作用[55]。

　　從中國市民社會論者所提出的上述兩種模式看，它們之間顯然存在著一些差異；我個人認為，它們之間最主要的區別很可能在於：「二階段發展論」側重於在國家與社會力量之間的互動和緊張中尋求中國市民社會的建構道路，這是一種「關係或互動」的角度；而「滾動式驅動理論」的三階段分析卻將視角置於外部條件對市民社會的作用，這是一種「動力」的角度，它顯然忽略了國家與社會間「討價還價」或競爭本身對市民社會建構的意義。但是這裏必須指出的是，這兩種模式都沒有採用西方早發或內發國家透過「社會對抗國家」來型構市民社會的模式，而是考慮到了中國這個後發或外發現代化國家的既有條件，並且認定建

構市民社會的目的之於中國乃在於形成市民社會與國家間的良性互動關係，進而使中國步出上文所述的惡性循環邏輯。顯而易見，這種良性互動關係不僅不同於「零合博奕」的關係，也很難透過「零合博奕」或你死我活的方式予以實現；因此，這種良性的互動關係在中國市民社會論者那裏既是一種欲求達致的結果，同時也是達致這種可欲結果的一種方式。

　　然而我們必須承認，一些論者對於中國市民社會論者關於在中國建構市民社會的觀點提出了質疑。他們指出，理論構建方面的成功，並不意味著現實操作上的一定可行，而對於背負著沈重歷史傳統的中國大陸而言，尤其如此[56]。他們就中國不可能建構出市民社會而給出的歷史上的理由有如下述：其一，「在中國歷史上從來沒有形成過一個類似於西方歷史上的完善的市民階層」。他們認為，手工業與農村的廣泛結合、強大的人口壓力以及官營手工業和礦禁政策都使中國不可能生成出一個強大而獨立的手工業體系，此外，中央集權的大一統

制度也使得社會團體喪失了它們原本應當具有的獨立性等等；由此可見，現代中國要建立市民社會，絕不可能在自己的傳統文化中找到資源；相反的，在這個以經驗哲學為主導的國度中，傳統力量有著最大的影響力，而其間最重要的則是反市民社會的傳統，而且這種傳統還將對中國產生持續性的影響[57]；正是由於中國在歷史上不存在獨立且自治的市民階層，所以中國也就不可能形成西方社會中的那種市民社會。其二，在歷史上，中國社會的最大特徵之一就是中央高度集權的專制主義的空前發達和長期存在。這種政治體制模式及其社會經濟和文化的基礎，有著十分強大的生命力，這對於國家與社會間關係的重新建構，無疑是一種嚴重的障礙；儘管1978年啟動的改革開放使這種狀況得到了改觀，但是直到目前為止，還沒有形成根本性的變化，因此，一個規範而又合理的市民社會不可能在近期得到實現[58]。

當然，這類質疑的觀點也遭到了中國市民社會論者的積極回應。一個方面的回應來自於

他們對中國近代史中的商會或紳商的研究。這
些研究指出，雖說當時的商會和紳商表現出了
對國家的很強的依附性，然而根據他們的意
識、功能以及與國家的關係，人們仍可以說他
們已然構成了「市民社會的雛形」[59]。毋庸置
疑，僅僅指出中國歷史上存在過市民社會或市
民社會雛形這樣的事實，實際上並不能夠確當
地回答上述質疑。我曾經撰文指出，這種質疑
本身也是西方市民社會模式架構下的問題，
「這裏需要注意的是，這些批判及商榷所依據
的標準大多亦是西方論者的市民社會觀或西方
市民社會的發展經驗，這就意味著市民社會在
中國建構的困難實際上是西方式市民社會在中
國建構的困難」[60]；而正是這種西方市民社會
模式的支配，使質疑者忽略了作為後發現代化
國家的中國市民社會的建構特點以及由這些特
定條件所形成的制度創新的可能性。僅就對市
民社會建構的影響因素而言，中國最主要的特
殊狀況之一乃是建構中國市民社會的可能性或
基礎性空間是由國家透過推進市場經濟以及鬆

動身分制、單位制、行政制[61]以及戶籍制而形
成的,而這就產生了兩個與西方早發現代化國
家不盡相同的特殊條件:一是在獲得、維護和
拓展這些空間的過程中,中國社會或個人及社
團表現出對國家的依附性及相對的脆弱性,而
西方市民社會的形成則基本上是私人資本的驅
動,因此後者的獨立性一開始就構成了它的一
大品格;二是在中國改革的前提下,國家透過
變革體制而在某種程度上改變了其原有的「全
權性」,正是這種變革本身在很大程度上推進
了市民社會建構空間的出現,而這一點也不同
於西方社會,因為市民社會在西方的形成過程
是與民族國家建構過程相伴而行的。嚴格地
講,中國市民社會的依附性是與國家在建構市
民社會方面所具有的正面作用相關的,然而這
並不會妨礙中國市民社會在國家與社會間互動
的影響下得到逐步的建構,它只能啟示我們中
國市民社會建構的道路一定會與西方社會的道
路不盡相同。

　　第二,國家與市民社會的結構性關係問

題。中國市民社會論者除了在建構中國市民社
會道路中討論了國家與市民社會的關係以外，
還從市民社會與國家的結構性關係方面論涉了
這個問題。這個問題不僅表現出了中國市民社
會論者對市民社會與國家應然性結構的關照，
而且也在某種程度上反映出了他們對當代中國
社會轉型的學理取向。

　　一些市民社會論者指出，「市民社會與國
家的關係很複雜，有許多的方面和層次；就彼
此力量的比較而言，存在四種可能的形態：
(1)強市民社會與弱國家；(2)弱市民社會與強
國家；(3)弱市民社會與弱國家；(4)強市民社
會與強國家」[62]。然而需要指出的是，這種根
據力量的強弱而排列的市民社會與國家的形
態，並不能反映或揭示出市民社會與國家間的
關係。從上述所論西方市民社會的觀念演化來
看，關於市民社會與國家間關係的設定，大體
上乃是與洛克式的「社會先於國家」或「社會
外於國家」傳統和黑格爾式的「國家高於社會」
傳統聯繫在一起的：我們從前者處大致可以推

演出「市民社會對抗國家」的論點，它強調國
家對於社會而言乃是一種「必要之惡」，因
此，對國家進行造反或對抗當是必要之舉；而
我們則可以從後者處推導出「國家宰制市民社
會」的觀點，它強調國家塑造社會的功能，社
會處於被支配的地位[63]。

　　然而，中國市民社會論者認為，無論是從
國家的角度還是從市民社會的角度對「市民社
會與國家」的關係做單向度的強調，儘管在某
種意義上反映出了西方社會的發展歷史，但是
卻很難適用於中國社會發展的當下狀況，這有
兩個方面的原因：第一，中國當下的改革在很
大程度上是要變革「全權國家本位」的狀況，
因此「國家宰制社會」的主張是與這種改革相
悖的；第二，中國歷史上無數「民反官」的運
動所表現出來的政治私性品格並未能使中國走
向良性的民主政治，因此「市民社會對抗國家」
的主張也是與包含著實現民主政治這個目的的
中國現代化進程背道而馳的。正是立基於中國
社會發展的歷史與現狀，中國市民社會論者才

主張市民社會與國家關係的「良性互動說」。
正如上文所述，「良性互動說」，在中國論者
處，既是建構中國市民社會的運作方式，也是
市民社會與國家關係的理想形態。

　　具體而言，從國家的角度看，它對市民社
會的功用主要表現在下述兩個方面：一是國家
承認市民社會的獨立性，並為市民社會提供制
度性的法律保障；二是國家對市民社會進行必
要的干預和調節：為市民社會活動確立對人人
適用的普遍的法律規則、對市民社會自身無力
解決的矛盾或衝突進行協調。而從市民社會的
方面來看，它對國家的作用也主要表現在兩個
方面：一是從否定的意義上說（即建構中國市
民社會的第一階段），市民社會有著制衡國家
的力量，亦即市民社會在維護其獨立自主性時
力爭自由並捍衛自由，使自己免受國家的超常
干預和侵犯；二是從肯定的意義上講（即建構
中國市民社會的第二階段），市民社會的發展
培育出了多元的利益社團，而這些社團發展到
一定的階段，便會以各種不同的方式要求在政

治上表達它們的利益；正是在這個意義上講，
市民社會為民主政治的發展奠定了堅實的社會
基礎。顯而易見，中國市民社會與國家的良性
互動乃是二者間的一種雙向的適度的制衡關
係；透過這種互動，雙方能夠較好地抑制各自
的內在弊病，而且還能夠使國家所維護的普遍
利益與市民社會所捍衛的特殊利益達到符合社
會總體發展趨勢的那種平衡[64]。

四、中國市民社會研究所存在的問題及　其突破

　　從上述對中國市民社會研究的分析來看，
中國論者關於市民社會的討論無疑都與中國現
代化進程正在展開這一特點以及與此一概念的
「舶來」特性緊密相關，而這兩個特性在某種
方面又規定了中國市民社會論者的市民社會觀
的基本取向：從一個方面來看，中國市民社會
論者乃是把市民社會當作中國現代化的具體道

路和某種目的性狀況加以建構的，而這在很大
程度上表現出了中國市民社會論者對其生活於
其間的中國社會轉型的強烈的現實關懷；另一
個方面，中國論者則是將市民社會作為認識及
解釋中國現代化進程的分析框架加以採用的，
而這在具體的研究中則表現為他們對知識傳統
中研究典範轉換的學理關懷。據此我們可以
說，市民社會在中國既是一種實體的建構，同
時又是一種研究典範或解釋模式的主張。一如
前述，正是對這個問題缺乏足夠的知識自覺，
導致了中國市民社會研究中的許多問題；在我
看來，其間最主要的問題也是圍繞著這兩個方
面而存在的。從解釋模式來講，正如前面所
述，中國論者在研究中國現代化尤其是1978年
以後的改革開放進程時所採用的「市民社會」
的分析架構，無疑有著很重要的學理意義。維
根斯坦曾經對思維方式的轉換的重大意義做過
精闢的討論，他認為，「洞見或透識隱藏於深
處的棘手問題是艱難的，因為如果只是把握這
一棘手問題的表層，它就會維持原狀，仍然得

不到解決。因此，必須把它『連根拔起』，使它徹底地暴露出來；這就要求我們開始以一種新的方式來思考。這一變化具有著決定意義，……難以確立的正是這種新的思維方式。一旦新的思維方式得以確立，舊的問題就會消失；實際上人們很難再意識到這些舊的問題。因為這些問題是與我們的表達方式相伴隨的，一旦我們用一種新的形式來表達自己的觀點，舊的問題就會連同舊的語言外套一起被拋棄」[65]。儘管我們不能簡單地把維根斯坦所說的「思維方式」與研究典範等而視之，然而它們所涉及的問題卻具有某種相似性，因此他的觀點也可以從某種角度闡明市民社會作為研究框架對於中國學術研究的重要意義。僅從中國史學研究的角度來講，「對於『市民社會』、『公眾領域』的討論，可以促使我們從固有的『線索』、『分期』、『高潮』、『事件』等空泛化格局中解脫出來，認真研究中國走出中世紀並向現代社會轉型的曲折而又複雜的歷史過程，現代化的主要載體及其如何產生、演變，以及

它的活動空間與活動方式等等」[66]。

　　需要指出的是，儘管中國市民社會論者透過理論上的分析而認識到了作為解釋模式的市民社會的意義，但是他們卻把作為研究典範的訴求僅僅停留在理論主張上或者與前此的解釋模式的論辯上，而未能根據這種新的研究典範，亦即「市民社會與國家」的互動典範，對中國現代化進程中的國家與社會間的真實互動關係進行範例性的解釋和分析。儘管一些論者在研究的過程當中論涉到了中國社會的轉型進程，但是他們依舊是以西方市民社會模式為依據，在中國社會的歷史中尋求發現或期望發現中國與西方二者間的相似之處，或者是以西方市民社會模式為判準，對中國不符西方市民社會的現象進行批判──儘管此一方向的努力所針對的是中國與西方的差異，但是這種努力卻認定西方式市民社會發展之道為中國走向現代化的不二法門。進而，上述兩個方向的努力便在研究過程中演化出兩個誤導：其一是將理論模式設定為研究的出發點，遂在中國的歷史與

現狀中尋覓一些符合既有理論模式之前提的事實作為依據；二是依循這種路徑或既有模式，對中國多元且多重性的歷史現象進行切割，或者說對中國原本可以做兩可性解讀或解釋的經驗材料做片面性的解讀或做片面性的評論及批判。然而，這種將作為解釋模式的市民社會僅停留在模式論辯層面以及對它的簡單套用的做法，結果卻使我們無法在對中國現代化進程的解釋過程中就此一解釋模式的效力加以證明，更不可能將其本身作為論辯的對象加以檢討和做出批判。

從另一向度來看，中國論者對作為解釋模式的市民社會的這種強調，在一個方面致使他們忽視了市民社會作為建構的實體對象的方面，或者說掩蓋或忽視了它在實體建構中所存在的種種問題，進而未能對中國現代化進程中的國家與社會間種種具體的互動關係以及這些互動關係的變化進行詳盡的分析和研究。我們在這裏需要特別強調指出的是另外一個方面，即無論是一些中國市民社會論者對市民社會作

為實體在中國建構的問題的簡單化處理，還是
一些學者因此而對這方面的研究所持有的懷疑
或質疑，都因此而忽視了對一個更為深層的問
題的探討，換言之，他們基本上都忽視了對支
配中國論者在將市民社會作為中國發展具體道
路加以建構所賴以為基礎的思想框架及其隱含
的預設進行認真的探討。我曾經在〈中國發展
研究的檢視〉一文中專門以中國市民社會研究
作為分析個案並且明確指出，中國論者關於建
構市民社會的道路選擇嚴重地受到了「現代化
框架」以及此一框架所具有的預設的影響；這
個方面的問題具體表現為：「首先，中國市民
社會論者認為，西方發展的經驗乃是在自由經
濟的基礎上建構市民社會、進而在市民社會的
基礎上實現了政治民主化。這一認識向中國現
代化發展的投射，強烈地暗含了西方實現政治
現代化的道路具有普遍有效性的預設」[67]，
「其次，……我們會發現中國市民社會研究在
某種意義上乃是在承認西方現代化對中國傳統
的兩分界定的基礎上進行的，其間最為凸顯的

方面是，大多研究都否定了中國以親情血緣為
基礎的文化網路之於整合中國市民社會的正面
意義，並且忽視了中國自身發展的經驗對於形
成中國市民社會品格的可能性」[68]。

　　中國市民社會研究中所存在的上述主要問
題，嚴格來講，並不是市民社會觀或「市民社
會與國家」解釋模式本身的問題，恰恰相反，
我認為這些問題的出現主要是因為中國論者所
採取的研究路徑所致。因此，如果中國市民社
會論者想解決這些問題，那麼他們就需要在進
一步的研究中變革視角或改變具體研究策略：
首先需要他們對實體建構及解釋模式兩種取向
加以分殊，進而透過具體的分析打通這兩個層
面並且消除其間的緊張。在我看來，這種努力
有可能形成中國市民社會研究的突破：

　　1.如何在根據「市民社會與國家」解釋模
式對前此種種「國家或政治本位觀」的解釋模
式進行檢討和批判的基礎上，進一步將原本作
為判準或依據的市民社會解釋模式本身轉而視
作我們在對中國現代化進程進行理論研究中的

參照框架並作為我們的論辯對象[69]。

　　2.如何把西方市民社會理論模式視作研究出發點的思路轉換成將它視作參照框架的路向，亦即將中國的歷史經驗或現實作為研究的出發點；這在具體的中國現代化研究的過程中，便有可能表現為對中國與西方本質性差異的強調，進而在此一基礎上建構出相應的並能有效適用於中國的「市民社會」理論概念，形成中國本土的「市民社會與國家」的分析性理論模式[70]。

　　3.與前兩個問題相關，如何將根據西方市民社會解釋模式而展開的對作為實體的國家以及作為實體的社會進行的研究轉換到對那些之於中國現代化發展具有重要意義的國家與社會間具體互動關係過程的分析及研究上來，進而透過對這些並非同質性的「國家」與「社會」的具體互動關係的範例性的分析和研究，來洞識當代中國從原有社會轉型到現代社會的特有道路，為解決中國現代化進程中的問題提供可能的中國式的方案。

4.如何從上述具體的分析和研究中所形成的洞識裏抽象出中國式的「市民社會與國家」的互動解釋模式和相關的理論命題，一方面為解釋中國現代化道路提供學理的解釋模式，另一方面以中國式的「市民社會與國家」的互動解釋模式對西方論者於前此提出的種種現代化道路或發展道路的理論模式（包括西方市民社會的模式）形成論辯。

綜上所述，市民社會研究於本世紀九○年代在中國學界展開以來，取得了一些嚴肅而認真的研究成果。這些研究成果可以說在為解釋和認識中國現代化進程中的種種問題提供了一種新的視角，亦即社會與國家的互動關係視角，但是與此同時，這些研究也引發了一系列值得我們認真檢討和反思的問題。此處需要再一次強調指出的是，無論是因簡單地套用西方市民社會模式而不意識其作為實體在中國建構的過程中所存在的種種問題，還是因認為作為實體的市民社會在中國建構的過程中存在著種種問題而否認市民社會解釋模式所具有的可能

的正面意義，都不是解決中國市民社會研究所
存在的問題的路徑。

　　當然，中國市民社會研究還起步不久，其
間確實有許多問題需要討論。然而，我認為，
只要對市民社會模式做更為深刻及確當的把
握、不受制於既有市民社會模式的拘束並始終
對一元論取向保有批判的自覺、對當下市民社
會研究中的問題進行認真的思考、立基於中國
的本土並對中國如何發展堅持強烈的學理性關
懷，便有可能在分析中國問題的過程中形成中
國自己的分析概念，並逐漸建構起符合中國歷
史及現狀之真實的市民社會理論模式。

注　釋

[1]
　關於中國社會轉型過程中出現的「雙二元結構」的問
題，可以參見時憲民，《體制的突破——北京市西城
區個體戶研究》，中國社會科學出版社，1993年版，
頁4-6；關於這個問題的更早的文獻，也可以參閱閻
肖鋒、王漢生、時憲民、林彬，〈現階段我國社會結
構的分化與整合〉，《中國社會科學》，1990年第4
期，頁121-130；北京大學「社會分化」課題組，
〈從城鄉分化的新格局看中國社會的結構性變遷〉，
《中國農村與經濟》，1990年第4期，頁2-14。

[2]
　此一類分應當感謝現執教於澳大利亞的政治學者
Baogang He，詳見*The Ideas of Civil Society in
Mainland China and Taiwan*, 1986-92, Issues & studies,
June 1995, pp. 27-29.

[3]
　關於市民社會研究的文獻，還可以見於下述刊物：
《現代與傳統》、《天津社會科學》、《社會學研究》、
《中國書評》、《歐洲》。

[4]
　布迪厄指出，「要構建一種科學的對象，首當其衝的
是要與常識劃清界限，也就是說，與那些被大家共同
持有的見解劃清界限，不管它是日常生存狀態裏的老
生常談，還是一本正經的官方見解。這些常識性東西
往往嵌入在制度之中，從而既體現在社會組織的客觀
性上，又反映在社會組織參與者的思想裏。預先構建

之物無所不在」，見P. Bourdieu and L. T. Wacquant, *Invitation to Reflexive Sociology*, pp. 235-238。

[5]
布迪厄所主張的那種「反思社會學」，要求對知識分子和社會學的對象化「觀注」方式進行分析，「也許可以首先粗略地把這種反思性定義為將有關學術實踐的理論納入整個社會批判理論，成為其不可分割的組成部分和必要條件。布迪厄與其他倡導反思性的學者不同，這首先表現在他的反思社會學的基本對象不是個別分析學者，而是根植於分析工具和分析操作中的社會無意識和學術的無意識；其次，他的反思社會學必須成為一項集體事業，……而在第三個方面，他的反思社會學不是力圖破壞社會學的認識論保障，而是去鞏固它。布迪厄的反思性遠不是要削弱客觀性，而是旨在擴大社會科學知識的範圍，增強它的可靠性」，同上，pp. 36-37。

[6]
布迪厄認為，「對這樣一個對象進行研究，人們必須每時每刻都要提醒自己，客觀對象化的主體本身正在變成研究的對象（被對象化），因為在撰寫最尖銳嚴屬、不留情面的客觀化分析的同時，必須敏銳地意識到這樣一個事實，即這些分析也可以應用到那些正在撰寫這些分析的人身上」，同上，p. 62.

[7]
參見鄧正來和景躍進，〈建構中國的市民社會〉，《中國社會科學季刊》，1992年11月創刊號，頁60；現收入本書「附錄」部分。另可參見王滬寧，《當代中國村落家族文化——對中國社會現代化的一項探索》，

　上海人民出版社，1991年版。
[8]
　這裏所講的「西方」，當然不是指整體的西方，即使
在一同質性程度極高的社會中，人們也會採取種種不
盡相同、甚至彼此競爭的思維框架。
[9]
　鄧正來和景躍進，〈建構中國的市民社會〉，《中國
社會科學季刊》，1992年11月創刊號，頁59；現收入
本書「附錄」部分。
[10]
　林毅夫、蔡方、李周，《中國的奇蹟：發展戰略與經
濟改革》，上海三聯書店，1995年版，第七章。林毅
夫等人指出，這種「活亂」循環在中國改革中有四種
表現，「『活亂』循環的第一個表現是經濟反復出現
過熱，進而速度與「瓶頸」形成相互制約的局面。…
…『活亂』循環的第二種表現是經濟中潛在的通貨膨
脹壓力和週期性出現的通貨膨脹率。……『活亂』循
環的第三種表現是在經濟生活尋租動力的增強和腐敗
現象的滋生。……『活亂』循環的第四種表現是經濟
改革進程中的循環往復或改革週期。」
[11]
　限於篇幅，本書對此一論戰觀點的概括，顯然只能集
中在核心論點上。假如我們將這兩方的觀點視作一個
連續譜，那麼這些核心論點更可能是此一譜續中的兩
極，而在這兩極中間則存在著種種調和的觀點或居間
性的觀點。當然，對於這兩方的觀點是進行了真正的
交鋒、還是在曲解對方的情況下為自己的主張進行論
辯，我們可以做更進一步的思考和分析。更為詳盡的
資料，請參閱劉軍和李林編，《新權威主義——對改

革理論綱領的論爭》，北京經濟學院出版社，1989年
版。當然，還需要指出的是，另一些市民社會論者，
如施雪華，則將中國學者對如何實現中國現代化的觀
點歸結為三論，即必須首先實現工業化和城市化的
「經濟驅動論」、必須進行東方式「新權威」的重塑的
「政治驅動論」以及必須改造或否定中國傳統文化以
適應現代化的「文化驅動論」；請參閱施雪華，〈現
代化與中國市民社會〉，《中國社會科學季刊》，1994
年第總7期，頁115-121。

[12]
劉軍和李林編，《新權威主義──對改革理論綱領的
論爭》，北京經濟學院出版社，1989年版，頁28-29。
[13]
劉軍和李林編，同上，頁163。
[14]
參閱拙文，〈臺灣民間社會語式的研究〉，《中國社
會科學季刊》，1993年總第5期，頁88-90；現收入本
書「附錄」部分。
[15]
金耀基，〈臺灣的個案研究──後儒學文化中的民主
探索〉，《二十一世紀》，1993年第17期，頁142。需
要指出的是，現代化理論或發展理論的這種「政治－
經濟」框架，也遭到了一些政治學家的批判，例如，
Dankwart Rustow就認為，經濟因素與政治民主化之
間的經驗性關聯，並不意味著兩者之間存有一種必然
的因果聯繫，參閱Dankwart E. Rustow, "Transition
to Democracy: Toward a Dynamic Model", in
Comparative Politics, April 1970, pp. 33-36；另參閱阿
爾蒙德在《比較政治學》一書中開列的多伊奇、利普

塞特等人的觀點：《比較政治學》，上海譯文出版
社，1987年版，頁431；另一些學者更是明確地反對
經濟發展與民主政治具有因果勾連的那種決定論式的
思維典範，一如亨廷頓所言，「美國政府政策的基本
假設是：經濟發展是政治發展與政治穩定的必要條
件。……其實，經濟發展與政治穩定，是兩個獨立的
目標，一個方面的進步未必就同另一方面的進步有
關」，亨廷頓，《變革社會中的政治秩序》，華夏出版
社，1988年版，頁6；G. A. Almond還指出，「現代
化可能朝著自由民主的方向邁進，但也同樣可能朝著
威權政治的方向邁進」，見Almond, "The
Development of Political Development"，轉引自金耀
基，見上引文；更直接地說，「實踐中的現代化往往
意味著一個傳統政治體系的變化和解體，並不一定意
味著向現代政治體系大踏步地邁進」，亨廷頓，見上
引書，頁35-36。再者，中國的一些市民社會論者也
對此一框架進行了批判，參見拙作，〈臺灣民間社會
語式的研究〉，《中國社會科學季刊》，1993年總第5
期，頁89；現收入本書「附錄」部分。

[16]
經濟學中制度變遷理論的主帥諾思指出，從經濟史上
來看，經濟發展的問題，儘管與國家有某種關聯，但
往往直接取決於對產權制度的選擇，參見《經濟史上
的結構和變革》，商務印書館，1992年版。

[17]
參閱周其仁，〈中國農村改革：國家與所有權關
係〉，《中國社會科學季刊》，1994年總第8期，頁61-

84。

[18]
　　參閱王穎、折曉葉、孫炳耀，《社會中間層——改革與中國的社團組織》，中國發展出版社，1993年版；當然，對於此書中的一些觀點以及方法，筆者持有保留意見；關於這本著作的討論，詳見《中國書評》1996年總第9期的主題書評；景躍進執筆，〈國家與社會——社團的視角〉；李路路，〈國家與社會——評《社會中間層》〉；以及〈關於《社會中間層》的學術討論紀要」；另參閱時憲民，《體制的突破——北京市西城區個體戶研究》，中國社會科學出版社，1993年版。

[19]
　　參閱王滬寧，《當代中國村落家族文化——對中國社會現代化的一項探索》，上海人民出版社，1991年版。需要指出的是，儘管王滬寧對中國村落家族文化基本上採取了否定性的觀點，但是人們並不能因此而否認村落家族文化的重新復興乃是社會與國家互動關係的結果這個事實。

[20]
　　參見馬丁·魏茨曼，〈經濟過渡：產權理論能作為依據嗎？〉原載《歐洲經濟評論》，1993年4月號，現譯載《國際社會與經濟》，1994年3月號，頁21-22。哈佛大學經濟學者魏茨曼在此文中概括地分析了「東歐模式」與「中國模式」的區別，並明確指出以產權界定不明確的合作為基礎的並在實踐中獲致成功的「中國模式」，預示了西方主流產權理論的某種危機。

[21]
　　參見鄧正來和景躍進，〈建構中國的市民社會〉，

《中國社會科學季刊》，1992年11月創刊號，頁59；
現收入本書「附錄」部分。

[22]
這一點可以從已有論文及有關文獻中發現。當然，這
裏所指德語詞Burgerliche Gesellschaft 的翻譯，僅指
本世紀九〇年代中國學者在研究市民社會時所採用的
翻譯，而不包括前此的中國學者在翻譯《馬克思恩格
斯全集》時所採用的譯名，因為中國學者在翻譯馬恩
原典時，經常將該術語既翻譯成「市民社會」，又翻
譯成「資產階級社會」。此處需要指出兩點：一是一
些學者經過研究而指出了將Burgerliche Gesellschaft
翻譯成「資產階級社會」的不確當性，尤其認為馬克
思在晚年仍然使用「市民社會」的概念，有關文獻請
參閱沈越，〈「市民社會」辨析〉，《哲學研究》，
1990年第1期，頁44-51；王紹光，〈關於「市民社會」
的幾點思考〉，《二十一世紀》，1991年第8期，頁
105-107；俞可平，〈馬克思的市民社會理論及其歷
史地位〉，《中國社會科學》，1993年第4期，頁59-
74。二是儘管一些中國市民社會論者討論了馬克思恩
格斯的市民社會觀，但是不能據此認為中國論者對中
國現代化問題或市民社會問題的研究或分析都是在馬
恩使用這一術語所指稱的涵義上展開的；當然，必須
指出的是，馬恩的經典觀點乃至術語用法對他們有著
相當大的影響。關於不能簡單地將市民社會視作資產
階級社會的問題，是九〇年代中國市民社會討論一開
始便特別提出來加以警省的問題，關於這個問題的討

論，見我和景躍進，〈建構中國的市民社會〉，《中國社會科學季刊》，1992年11月創刊號，頁62；現收入本書「附錄」部分。

[23] 參閱拙文，〈市民社會與國家——學理上的分野與兩種架構〉，《中國社會科學季刊》，1993年總第3期，頁61；更為詳盡的討論，請參見本書第二章。

[24] 見《布萊克維爾政治學百科全書》「市民社會」條目，鄧正來主編譯，中國政法大學出版社，1992年版，頁125-126。

[25] 見王紹光，〈關於「市民社會」的幾點思考〉，《二十一世紀》，1991年總第8期，頁103。關於這方面的討論還可以參見查爾斯·泰勒（Charles Taylor），〈市民社會的模式〉；亞當·塞利格曼（Adam Seligman），〈現代市民社會概念〉，載鄧正來和亞歷山大主編，《國家與市民社會》，中央編譯出版社，1999年版。

[26] 參見 N. Bobbie: "Gramsci and the Concept of Civil Society", in J. Keane, ed.: *Civil Society and the State*, 1988.

[27] 關於洛克式觀點的詳盡討論以及對此種觀點的檢討，見拙文，〈市民社會與國家——學理上的分野與兩種架構〉，《中國社會科學季刊》，1993年總第3期，頁60-71；更為詳盡的討論，請參見本書第二章。

[28] 查爾斯·泰勒認為，黑格爾是將洛克式與孟德斯鳩式的市民社會觀融合在一起的觀點；然而，在我看來，

　　黑格爾關於體現個殊性的市民社會獨立於國家、但在
倫理上並不自足，從而需要代表普遍利益的國家對其
加以救濟的觀點，卻無論如何與洛克式觀點有著很大
的區別。關於黑格爾式的「國家高於市民社會」的觀
點的分析以及對這種觀點的批判，請參閱查爾斯・泰
勒，〈市民社會的模式〉，載鄧正來和亞歷山大主
編，《國家與市民社會》，中央編譯出版社，1999年
版，頁3-31；亦請參閱拙文，〈市民社會與國家——
學理上的分野與兩種架構〉，《中國社會科學季刊》，
1993年第3期，頁60-71；更為詳盡的討論，請參見本
書第二章。

[29]
　　M. Riedel指出，「透過市民社會這一術語，黑格爾
向其時代觀念所提出的問題並不亞於近代革命所導致
的結果，即透過政治集中而在君主……國家中產生了
非政治化的社會，將關注重心轉向了經濟活動。正是
在歐洲社會的這一過程中，其『政治的』與『市民的』
狀態第一次分離了，而這些狀態於此之前（即傳統政
治的世界中），意指的是同一回事」，參見M. Riedel,
"The Concept of 'Civil society' and the Problem of
its Historical Origin", in Z. A. Pelcynski, ed., *The
State and Civil Society*, pp. 3-4.

[30]
　　參見查爾斯・泰勒，〈市民社會的模式〉，載鄧正來
和亞歷山大主編，《國家與市民社會》，中央編譯出
版社，1999年版，頁3-31。

[31]
　　也有人主張將前近代的「文明社會」譯作「公民社

會」，但大多數論者仍持前種譯法。將「文明社會」
譯作「公民社會」的理由，可以參閱哈耶克的論點。
哈耶克指出，「有時，『公民自由』（civil liberty）
一術語亦被用來表達同一種意義，但我將避免採用此
一表達法，因為它太容易與所謂的『政治自由』
（political liberty）相混淆；其二者間的混淆不可避
免，乃是因為『公民的』（civil）和『政治的』
（political）兩詞雖一源出於拉丁文，另一源出於希臘
文，但兩詞實具相同的意義」；關於這一點，請參見
哈耶克，《自由秩序原理》，鄧正來譯，三聯書店，
1997年版，頁4。

[32]
參見王紹光，〈關於「市民社會」的幾點思考〉，
《二十一世紀》，1991年總第8期，頁110；在這裏，
王紹光介紹了東歐論者的『公民社會』觀，最明顯的
是克里贊因（Mojmir Krizan）對civil society 的定
義，即「公民自由交往的領域」，其主要包括下述組
成部分：(1)一切人自由平等的原則；(2)法治原則，
亦即規定個人自由範圍的法律適用於所有的人；(3)
表達個人需要、利益、意圖的自由，試圖說服他人接
受自己觀點的自由，對這種自由的保護制度就是公
域；(4)在法律規定的範圍內，單獨或與人合作追求
自身利益的自由，亦即結社的自由；(5)承認個人之
間和社會集團之間利益經常衝突這個事實，並將調節
衝突的機制制度化；(6)存在使civil society 和國家之
間關係穩定化的機制，使社會避免國家干涉得到一定

保障。這些機制可以採取不同形式，包括輿論影響、
民主選舉制度、自治組織等；(7)立法保障獲取和處
置財產的自由。

[33] 關於臺灣「民間社會」論者將臺灣政治自由化的發展
歸因於社會單一向度的努力的觀點及分析，詳見拙
文，〈臺灣民間社會語式的研究〉，《中國社會科學
季刊》，1993年總第5期，頁88-102；現收入本書「附
錄」部分。與此觀點相對的論點，最為明顯的是由金
耀基提出的，金耀基在《二十一世紀》1993年第3期
所發表的〈中國發展成現代型國家的困境：韋伯學說
的一面〉一文中認為，「在臺灣，民主的發展在很大
程度上是由『國家』與『社會』間的一種新的力量平
衡推動起來的」（頁57）。但金耀基接著卻說，「相對
於國家而言，臺灣之社會的力量呈現出與日俱增之
勢，而應該指出的是，這些社會力量的出現卻正是國
家本身的產物而已」（頁57）；需要強調指出，金耀
基在《二十一世紀》1993年總第17期所發表的〈臺
灣的個案研究──後儒學文化中的民主探索〉一文
中，更是明確無誤地把臺灣政治發展進程界定為「自
上而下的民主工程」（頁148），完全肯定了其前此的
觀點。

然而，根據筆者對臺灣民間社會思潮的研究，可以說
上述兩種觀點只是臺灣政治社會發展的不同面相；實
際上，臺灣政治社會發展並不是某種突發性事件，而
是長期發展演化的結果，而在這一過程中，決定發展

的乃是社會力量與國家之間自下而上、自上而下的雙
向互動。關於這個問題的詳盡分析，請參閱拙文，
〈臺灣民間社會語式的研究〉，《中國社會科學季刊》
1993 年總第5期，頁88-102；現收入本書「附錄」部
分。

[34]
　就中國市民社會論者的這種取向，有海外論者表示不
解，認為「迄今為止，中國大陸尚沒有經歷向民主轉
型的初期階段，但不知是何緣故，中國大陸的某些知
識分子卻在當下摒棄了『市民社會對抗國家』的理
念，儘管頗具諷刺意味的是，這種做法可能有益於中
國，因為如果鄧正來和景躍進所提倡的國家與市民社
會互為支援持模式被大多數知識分子和中國社會贊同
並接受，那麼它可能促進中國向民主的平穩過渡」，
見Baogang He, *The Ideas of Civil Society in Mainland
China and Taiwan*, 1986-92, Issues & Studies, June
1995, p. 64. 但是，需要強調的是，在筆者看來，如果
這些論者能夠對中國現代化進程做一些確當的而非情
緒化的分析，那麼他們就有可能對中國論者採取如此
的市民社會觀而非激進的市民社會與國家對抗的觀點
有較妥切的理解。這實際上是表現出了中國市民社會
論者在知識上的一種自覺。

[35]
　關於市民社會與國家二元結構上的「良性互動」論，
請參閱鄧正來和景躍進，〈建構中國的市民社會〉，
《中國社會科學季刊》，1992 年11 月創刊號，頁58-
68；現收入本書「附錄」部分。關於此一觀點的總結

和討論，參見Baogang He, The Ideas of Civil Society
in Mainland China and Taiwan, 1986-92, Issues &
Studies, June 1995, pp. 24-64.

[36]
　　雖說有例外，但一般都是在筆者和景躍進所明確提出
的「市民社會」觀念的基礎上展開論辯的，而我們的
市民社會觀是，「中國的市民社會乃是指社會成員按
照契約性規則，以自願為前提和以自治為基礎進行經
濟活動、社會活動的私域，以及進行議政參政活動的
非官方公域。」〈建構中國的市民社會〉，《中國社會
科學季刊》，1992年11月創刊號，頁61；現收入本書
「附錄」部分。關於這方面的文獻，也可參閱筆者在
「主要參考文獻」中所開列的已經發表的那些論文。

[37]
　　參見孫立平，〈國家與社會的結構分化：改革以來中
國社會結構的變遷研究之一〉，《中國社會科學季
刊》，1992年11月創刊號，頁69-76。

[38]
　　參見謝維和，〈社會資源流動與社會分化：中國市民
社會的客觀基礎〉，《中國社會科學季刊》，1993年
總第4期，頁5-9。

[39]
　　以上幾點基本上是大多數中國市民社會論者所贊同
的，具體文獻可參閱鄧正來和景躍進，〈建構中國的
市民社會〉（《中國社會科學季刊》，1992年11月創刊
號）以及已經發表的大部分論文。

[40]
　　參閱朱英，〈關於中國市民社會的幾點商榷意見〉，
《中國社會科學季刊》，1994年總第7期。

[41]
　　參閱童世駿，〈「後馬克思主義」視野中的市民社

會〉,《中國社會科學季刊》,1993年總5期,頁189-196;景躍進,〈「市民社會與中國現代化」學術討論會述要〉,同上,頁197-202。

[42]
關於將市民社會作為思維模式或解釋框架的論述,請參閱鄧正來和景躍進,〈建構中國的市民社會〉,《中國社會科學季刊》,1992年11月創刊號,頁58-68;現收入本書「附錄」部分。除此之外,值得重視的是由童世駿根據科恩與阿雷托的市民社會理論而提出的市民社會、經濟社會以及政治社會的三元分析架構,請參閱童世駿,〈「後馬克思主義」視野中的市民社會〉,《中國社會科學季刊》,1993年總第4期,頁189-196;以及許紀霖從經濟系統、行政系統及社會文化系統的框架出發而提出的市民社會尤其要與經濟系統分化的觀點,參閱許紀霖,〈在權力與金錢之外建構生活世界〉,《社會科學報》,1993年9月2日。

[43]
關於這個問題,可以參閱蔣慶,〈儒家文化:建構中國式市民社會的深厚資源〉,《中國社會科學季刊》,1993年總第3期,頁170-175;景躍進,〈「市民社會與中國現代化」學術討論會述要〉,《中國社會科學季刊》,1993年總第5期,頁198;孫立平,〈國家與社會的結構分化:改革以來中國社會結構的變遷研究之一〉,《中國社會科學季刊》,1992年11月創刊號,頁75-76。

[44]
參見童世駿,〈「後馬克思主義」視野中的市民社

會〉，《中國社會科學季刊》，1993 年總第 5 期，頁
194。

[45]
同上，頁194。

[46]
參見景躍進，〈「市民社會與中國現代化」學術討論
會述要〉，《中國社會科學季刊》，1993 年總第 5 期，
頁198。

[47]
參見童世駿，〈「後馬克思主義」視野中的市民社
會〉，《中國社會科學季刊》，1993 年總第 5 期，頁
194。

[48]
同上，頁194。

[49]
同上，頁194。

[50]
這個方面的論述最集中的反映在拙文，〈中國發展研
究的檢視──兼論中國市民社會研究〉，《中國社會
科學季刊》，1994 年總第 8 期，頁50-60；朱英，〈關
於中國市民社會的幾點商榷意見〉，《中國社會科學
季刊》，1994 年總第 7 期，頁108-114；施雪華，〈現
代化與中國市民社會〉，《中國社會科學季刊》，
1994 年總第 7 期，頁115-121。

[51]
參閱景躍進，〈「市民社會與中國現代化」學術討論
會述要〉，《中國社會科學季刊》，1993 年總第 5 期，
頁198。

[52]
關於中國歷史上是否存在過市民社會的問題，自市民
社會話語在本世紀中葉復興以來，在史學界，尤其是
海外的中國史學界引起了一場持續至今的激烈討論。
關於這方面的討論主要集中在清末明初的國家與基礎

社會的關係領域，其主要觀點大體可以概括為三種：
(1)羅威廉（William T. Rowe）透過對晚清漢口地區
商人的區別於「祖籍認同」（native identity）的「本
地認同」（locational identity）而形成的市民社會的研
究；冉玫鑠（Mary B. Rankin）透過晚清浙江的公共
領域的精英能動主義的分析以及斯特朗（David
Strand）透過對民國時期北京種種作為參與政治的新
領域的「非國家活動」的研究等等，都在不同程度上
肯定了市民社會在中國近代史上的存在；(2)然而，
魏斐德（Frederic Wakeman）等學者則認為，清末明
初的中國並不沒有出現上述論者所認為的獨立於國家
的市民社會；(3)另一些學者，如黃宗智（Philip C. C.
Huang）則認為，在解釋中國清末明初的歷史時，無
論從國家還是從社會角度都會遇到困難，因此他主張
從國家與社會的交會點即他所謂的「第三域」來認識
國家與社會的關係。以上觀點的綜合性討論，請參閱
Modern China, April, 1993 以及鄧正來和亞歷山大主
編之《國家與市民社會》第三部分「市民社會與中國
問題」中的文獻，中央編譯出版社，1999年版。中
國史學者朱英和馬敏在研究近代商會後認為，中國商
人在當時的結社程度足以表明「市民社會」的雛形已
然存在，參閱朱英，〈關於中國市民社會的幾點商榷
意見〉，《中國社會科學季刊》，1994年總第7期；馬
敏，《官商之間──社會劇變中的近代紳商》，天津
人民出版社，1995年版，頁220-303。

[53]
　　參見鄧正來和景躍進，〈建構中國的市民社會〉，
《中國社會科學季刊》，1992年11月創刊號，頁60；
現收入本書「附錄」部分。

[54]
　　蕭功秦還認為，一個社會在達致「社會自主領域」階
段以後，是否有可能發展為市民社會，還取決於其他
各種條件，參見〈市民社會與中國現代化的三重障
礙〉，《中國社會科學季刊》，1993年總第5期，頁
184。

[55]
　　參閱施雪華，〈現代化與中國市民社會〉，《中國社
會科學季刊》，1994年總第7期，頁115-121。

[56]
　　參見夏維中，〈市民社會：中國近期難圓的夢〉，
《中國社會科學季刊》，1993年總第5期，頁176-182。

[57]
　　同上，頁178-179。

[58]
　　同上，頁179-181。

[59]
　　參見朱英，〈關於中國市民社會的幾點商榷意見〉，
《中國社會科學季刊》，1994年總第7期，頁108-114；
馬敏，《官商之間——社會劇變中的近代紳商》，天
津人民出版社，1995年版，頁220-303。

[60]
　　參見拙文，〈中國發展研究的檢視——兼論中國市民
社會研究〉，《中國社會科學季刊》，1994年總第8
期，頁56。

[61]
　　參閱李路路和王奮宇，《當代中國現代化進程中的社
會結構及其變革》，浙江人民出版社，1992年版，頁
83-131。

[62]
　　參閱景躍進的歸納，〈「市民社會與中國現代化」學

術討論會述要〉，《中國社會科學季刊》，1993 年總
第5期，頁198。

[63]

關於這個問題的詳盡討論，請參閱拙文，〈市民社會
與國家──學理上的分野與兩種架構〉，《中國社會
科學季刊》，1993 年總第3期，頁68；更為詳盡的討
論，請參見本書第二章。

[64]

關於這個問題，參見鄧正來和景躍進，〈建構中國的
市民社會〉，《中國社會科學季刊》，1992 年11 月創刊
號，頁63-64；現收入本書「附錄」部分。

[65]

路德維希‧維根斯坦，《札記》，轉引自Pierre
Bourdieu 和L. J. Wacquant, *Invitation to Reflexive
Sociology*, p. 1.

[66]

章開沅，〈序〉，《官商之間──社會劇變中的近代
紳商》，馬敏著，天津人民出版社，1995年版。

[67]

參閱拙文，〈中國發展研究的檢視──兼論中國市民
社會研究〉，《中國社會科學季刊》，1994 年總第8
期，頁55-56；關於這方面的具體問題，筆者在該文
中指出了以下五點：(1)中國論者對市民社會道路的
選擇，就迄今研究的情況而言，基本上是一條地道的
西方版道路，而這一道路的選擇依據顯然不是源自本
土的經驗和知識，而是源出於對西方實現政治現代化
的方式所具有的普遍有效性的認定。這種前提性的認
定，反映在研究中就表現為對西方制度、結構或安排
移植於中國的可能性幾無質疑；(2)市民社會只是政
治現代化的必要條件而非充分條件，但是深植於中國

論者頭腦中的西方市民社會的成功經驗使他們在研究
中僅是象徵性地論及此一問題，進而在研究中忽略了
對一些西方國家為什麼建構了市民社會但卻未能走上
政治現代化道路的複雜現象進行分析；(3)在具體研
究中，中國論者往往是將中國的現實經驗與西方市民
社會概念做簡單的比附，其突出表現就是根據西方的
定義在中國發展的複雜經驗中選擇與之相符合的那些
方面進行意義放大的研究，從而忽略了某些對於中國
發展具有實質意義的方面；(4)中國市民社會論者忽
略了對中國市場經濟做具體的分析，進而也未能就中
國市場經濟與西方市場經濟的區別完全有可能培育出
不同於西方的市民社會的問題展開詳盡的討論；(5)
儘管一些論者對中國市民社會研究提出了批評，但是
這些批評及商榷意見所依據的標準基本上也是西方論
者的市民社會觀或西方市民社會的發展經驗，這就意
味著市民社會在中國建構的困難實際上是西方式市民
社會在中國建構的困難。而且這些困難只是暫時的和
可以克服的，只要這些障礙被克服，中國便可以建構
出西方式的市民社會，進而實現政治現代化。

[68]
同上，頁56。

[69]
參閱本書第一章。

[70]
同上。

主要參考文獻

鄧正來、景躍進，〈建構中國的市民社會〉，
　　載《中國社會科學季刊》創刊號總第1期。

鄧正來a，〈市民社會與國家——學理上的分野
　　與兩種架構〉，載《中國社會科學季刊》
　　1993年總第3期。

鄧正來b，〈臺灣民間社會語式的研究〉，載
　　《中國社會科學季刊》1993年總第5期。

鄧正來與亞力山大主編，《國家與市民社
　　會》，中央編譯出版社，1999年版。

夏維中，〈市民社會中國近期難圓的夢〉，載
　　《中國社會科學季刊》1993年總第5期。

蕭功秦，〈市民社會與中國現代化的三重障

礙〉，載《中國社會科學季刊》1993年總第5
　期。

德里克，〈現代中國的市民社會與公共領域〉，
　載《中國社會科學季刊》1993年總第4期。

克萊默，〈論市民社會〉，載《中國社會科學
　季刊》1993年總第4期。

謝維和，〈社會資源流動與社會分化：中國市
　民社會的客觀基礎〉，載《中國社會科學季
　刊》1993年總第4期。

蔣慶，〈儒家文化：建構中國式市民社會的深
　厚資源〉，載《中國社會科學季刊》1993年
　總第3期。

朱英，〈關於中國市民社會的幾點商榷意見〉，
　載《中國社會科學季刊》1994年總第7期。

施雪華，〈現代化與中國市民社會〉，載《中
　國社會科學季刊》1994年總第7期。

魯品越，〈中國歷史進程與市民社會之建構〉，
　載《中國社會科學季刊》1994年總第8期。

陳嘉明，〈黑格爾的市民社會及其與國家的關
　係〉，載《中國社會科學季刊》1993年總第4

期。

俞可平a，〈馬克思的市民社會理論及其歷史地
　　位〉，載《中國社會科學》1993年總第4期。

俞可平b，〈社會主義市民社會：一個嶄新的
　　研究課題〉，載《天津社會科學》1993年第4
　　期。

何增科a，〈市民社會與文化領導權──葛蘭
　　西的理論〉，載《中國社會科學季刊》1993
　　年總第4期。

何增科b，〈葛蘭西市民社會思想述評〉，載
　　《馬克思主義與現實》1993年第2期。

方朝暉，〈市民社會與資本主義國家的合法
　　性〉，載《中國社會科學季刊》1993年總第4
　　期。

童世駿，〈後馬克思主義視野中的市民社
　　會〉，載《中國社會科學季刊》1993年總第5
　　期。

景躍進，〈「市民社會與中國現代化」學術討
　　論會述要〉，載《中國社會科學季刊》1993
　　年總第5期。

戚衍，〈關於市民社會若干問題的思考〉，載
　《天津社會科學》1993年第5期。

徐勇，〈現代政治文化的原生點〉，載《天津
　社會科學》1993年第4期。

張靜編，《國家與社會》論文集，浙江人民出
　版社，1997年版。

科恩與阿雷托，*Civil Society and Political
　Theory*, The MIT Press, 1992.

查爾斯·泰勒，〈市民社會的模式〉，原載
　Public Culture, 1991, 3 （1）: 95-118.

John Keane, *Democracy and Civil Society*,
　London: Verso, 1988. Michael Walzer, "The
　Idea of Civil Society", *Dissent*, Spring 1991.
　Daniel Bell, "American exceptionalism revis-
　ited: the role of civil society", *The Public
　Interest*, No. 95, 1989.

Shu-Yun Ma, "The Chinese Discourse on Civil
　Society", *The China Quarterly*, No. 138,
　June 1994.

Jacqaes Rupnik, "Dissent in Poland, 1968-1978:

The End of Revisionism and the Rebirth of Civil Society in Poland", Rudolf Tokes,ed., *Opposition in Eastern Europe*, London, 1979.

愛德華·希爾斯，〈市民社會的美德〉，原載 *Government and Opposition*, Vol. 26, No. 1, Winter 1991.

John Gray, "From Post-communism to Civil Society: The Reemergence of History and the Decline of the Western Model", *Social Philosophy and Policy Foundation*, 1993.

Timothy G. Ash, *The Uses of Adversity*, London: Granta Books, 1989.

黃宗智，〈中國的「公共領域」與「市民社會」？——國家與社會間的第三領域〉，原載Modern China, April, 1993.

馬克思·韋伯：《儒教與道教》，江蘇人民出版社，1995年版；《新教倫理與資本主義精神》，三聯書店，1987年版。

Joseph W. Esherick and Mary B. Rankin, ed., *Chinese Local Elites and Patterns of*

Dominance, Univ. of California Press, 1990.

費 正 清 , *The United States and China*, Cambridge, MA: Harvard Univ. Press, 1958.

費正清等, *East Asia*: *The Modern Trans-formation*, Boston: Houghton Mifflin, 1965.

芮瑪麗, *The Last Stand of Chinese Conservatism*, Stanford: Stanford Univ. Press, 1957.

費 維 愷 , *China's Early Industrialization, Cambridge*, MA: Harvard Univ. Press, 1958.

Paul A. Cohen, *Discovering History in China*, New York: Columbia Univ. Press, 1984.

黃宗智,《中國農村的過密化與現代化：規範認識危機及出路》，上海社會科學院出版社，1992年版。

羅威廉, *Hankow: Commerce and Society in a Chinese City*, 1796-1889, Stanford: Stanford Univ. Press, 1984; *Hankow: Conflict and Community in a Chinese City*, 1796-1895, Stanford: Stanford Univ. Press, 1989.

冉玫鑠, *Elite Activism and Political Trans-for-*

mation in China: Zhejiang Province, 1865-1911, Stanford, CA: Stanford Univ. Press, 1986.

斯特朗，*Rickshaw Beijing: City People and Politics in the 1920s*, Berkeley: Univ. of California Press, 1989.

Richard Madsen, "The Public Sphere, Civil Society, and Moral Community: A Research Agenda for Contemporary China Studies", *Modern China*, April, 1993.

Lucian Pye, "The State and the Individual: an overview", *The China Quarterly*, No. 127, 1991, pp. 443-466.

周雪光主編，《當代中國的國家與社會關係》，臺灣：桂冠圖書，1992年版。

羅威廉，〈近代中國社會史的研究方法〉，載蔡少卿主編，《再現過去：社會史的理論視野》，浙江人民出版社，1988年版。

Heath Chamberlain, "On the Search for Civil Society in China", *Modern China*, April,

1993.

黃宗智與Kathryn Bernhardt, *Civil Law in Qing and Republican China*, Stanford: Stanford Univ. Press, 1994.

鄧正來主編譯，《布萊克維爾政治學百科全書》，中國政法大學出版社，1992年版。

N. Bobbie: "Gramsci and the Concept of Civil Society", in J. Keane, ed.: *Civil Society and the State*, 1988.

薩拜因，《政治學說史》，商務印書館，1987年版。

洛克，《政府論》（下篇），商務印書館，1986年版。

黑格爾，《法哲學原理》，商務印書館，1982年版。

《黑格爾政治著作選》，商務印書館，1981年版。

羅素，《西方哲學史》（下卷），商務印書館，1976年版。

時憲民，《體制的突破——北京市西城區個體戶研究》，中國社會科學出版社，1993年版。

Baogang He, The Ideas of Civil Society in Mainland China and Taiwan, 1986-92, *Issues & studies*, June 1995.

王滬寧，《當代中國村落家族文化——對中國社會現代化的一項探索》，上海人民出版社，1991年版。

林毅夫、蔡方、李周，《中國的奇蹟：發展戰略與經濟改革》，上海三聯書店，1995年版。

劉軍和李林編，《新權威主義——對改革理論綱領的論爭》，北京經濟學院出版社，1989年版。

金耀基，〈臺灣的個案研究——後儒學文化中的民主探索〉，《二十一世紀》，1993年第17期。

阿爾蒙德，《比較政治學》，上海譯文出版社，1987年版。

亨廷頓，《變革社會中的政治秩序》，華夏出版社，1988年版。

諾思，《經濟史上的結構和變革》，商務印書館，1992年版。

周其仁，〈中國農村改革：國家與所有權關係〉，

《中國社會科學季刊》，1994年總第8期。

王穎、折曉葉、孫炳耀，《社會中間層——改
　　革與中國的社團組織》，中國發展出版社，
　　1993年版。

沈越，〈「市民社會」辨析〉，《哲學研究》，
　　1990年第1期。

王紹光，〈關於「市民社會」的幾點思考〉，
　　《二十一世紀》，1991年第8期。

哈耶克，《自由秩序原理》，鄧正來譯，三聯
　　書店，1997年版。

哈耶克，《法律、立法與自由》，鄧正來等譯，
　　中國大百科全書出版社，1999-2000年版。

孫立平，〈國家與社會的結構分化：改革以來
　　中國社會結構的變遷研究之一〉，《中國社
　　會科學季刊》，1992年創刊號。

馬敏，《官商之間——社會劇變中的近代紳
　　商》，天津人民出版社，1995年版。

李路路和王奮宇，《當代中國現代化進程中的
　　社會結構及其變革》，浙江人民出版社，
　　1992年版。

附錄一
建構中國的市民社會

一、引言

　　1.1　自鴉片戰爭始，中國現代化便始終面臨著一個嚴峻的結構性挑戰：作為現代化的遲

---

*本文由作者和景躍進教授合寫，原刊於《中國社會科學季刊》創刊號，1992年11月總第1期。英文版由澳大利亞國立大學教授David Kelly翻譯，發表於*Chinese Social Sciences Year Book*, 1993，後為美國*International Political Science Abstracts*學刊摘登。本次重印，我只對個別文字做了修正。

一外發型國家，中國必須作出相當幅度的政治和社會結構調整，以容納和推進現代化的發展。在這一結構調整的過程中，需要解決的核心問題被認為是如何改造傳統的政治結構和權威形態，使其在新的基礎上重新獲致合法性和社會支持力量，並轉換成具有現代化導向的政治核心。

1.2　這一挑戰構成了中國現代化的兩難困境。於學理層面上講，上述轉型過程的順利進行，必須滿足下述兩個基本條件：一方面要避免那種立基於原有結構的政府權威在變革中過度流失，從而保證一定的社會秩序和確使政府擁有某種動員社會資源的能力，避免因政治危機而引發的社會失序和動亂，為推進現代化提供必要的政治社會條件；另一方面，為了保證這種權威真正具有「現代化導向」，還必須防止轉型中的政府權威因缺失對它的外部性社會制約或因社會失序而出現的向傳統的「回歸」。

回顧歷史，我們不無遺憾地發現，這兩個

必須滿足的基本條件卻構成了中國現代化過程
中相倚的兩極：政治變革導致了權威的合法性
危機，進而引發了社會結構的解體、普遍的失
範、甚或國家的分裂；作為對這種失序狀態的
回應和補救，政治結構往往向傳統回歸，借助
軍事力量及專制權力並利用原有的或改造過的
象徵性符號系統來解決合法性危機的問題，而
這又使政治結構的轉型過程胎死腹中。

　　1949年以後，在高度政治集權和計劃經濟
的框架中，歷史上出現的兩極徘徊衍變成了
「一放就亂，一亂就統，一統就死」（中央與地
方關係方面）以及「精簡－膨脹－再精簡－再
膨脹」（政府機構改革方面）的惡性循環。

　　1.3　1978年改革開放以來，圍繞中國現代
化道路的諸種爭論和理論主張，尤其是關於政
治體制改革和經濟體制改革關係的討論，可以
說是國人在新的歷史條件下，試圖對這一歷史
性挑戰尋求一個時下的解決方式的嘗試。

　　新權威主義對改革中出現的社會失序現象
充滿憂慮，故其強調權威的重要性，主張在舊

體制向現代商品經濟和民主政治發展的過程
中，需要確立一種強有力的具有現代化導向的
政治權威，以此作為社會整合和保證秩序的工
具，並為商品經濟的發展提供有助益的社會政
治環境和條件。在這種觀點基礎上發展起來的
新保守主義（從某種程度上講，它在性質上與
新權威主義有所區別），則更為明確地主張從
傳統文化中去尋找支撐這種權威的社會資源和
文化資源。[1]

　　作為反對新權威主義和新保守主義的民主
先導論，則強調原有政治集權體制對中國現代
化進程的障礙作用；因此，它主張中國的改革
必須以政治體制改革為先導，認定沒有民主政
治的推進和實現，就不可能有中國經濟的現代
化。[2]

　　1.4　我們的興趣和關注的焦點毋寧是：二
十世紀九○年代的今天，我們究竟應當以怎樣
的認知方式來看待中國現代化進程中出現的這
一兩難癥結？

　　作為對中國現代化問題持嚴肅且理性態度

的知識分子，我們認為，要擺脫中國現代化過程中的這種兩難境地，人們必須首先從認識上實現一種思維的轉向，不能像以往的論者那樣，把目光的聚焦點只放在政治權威的轉型上，因為中國現代化兩難癥結真正的和根本的要害，在於國家與社會二者之間沒有形成適宜於現代化發展的良性結構，確切地說，在於社會一直沒有形成獨立的、自治的結構性領域。無論是國家權力的過度集中，還是政治權威的急劇流失，除了它自身（內部結構）的原因以外，無不與國家和社會的關係（外部結構）密切相關；因此，在現代化基本問題的認定上，必須用「國家與社會的二元觀」替代「權威本位（轉型）觀」。

我們認為，中國現代化若要擺脫歷史上出現的惡性循環、走出上文所述的兩難困境，就必須在理論上和實踐上回答國家與社會的關係問題。這是一個擺在我們面前的、無可迴避的艱巨課題。

1.5　為了引起理論界對這一重大問題的思

考，為了有利於人們在實踐中解決好國家與社
會的關係問題，根據中國改革開放的現實和歷
史的經驗教訓，我們在認真的思考和反思後，
認為有必要建構中國市民社會的理論。我們認
為：

　　作為中國現代化進程的一種戰略性思考，
這一理論的根本目標在於：確立一種「自下而
上」的思維角度，進而從自下而上的角度努力
營建一種健康的中國市民社會。透過中國市民
社會的建構，逐漸確立起國家與市民社會的二
元結構，並在此基礎上形成一種良性的互動關
系；惟其如此，才能避免歷史上多次出現的兩
極擺動，才能比較有效地推進中國的經濟體制
和政治體制改革，最終實現中國的現代化。

　　建構中國市民社會的主要作用表現在以下
幾個方面：在計劃經濟體制解體亦即國家放棄
用行政手段組織經濟活動的過程中，市民社會
能夠積極主動地承擔起培育市場和發展商品經
濟的歷史任務，並在這一進程中造就一大批獨
立自主的從事商品經濟活動的市場主體。換言

之，在國家部分退出社會經濟領域以後，市民社會一方面能防止「空位」的發生，另一方面則為自身的營造打下經濟基礎。

在中國從傳統社會向現代社會轉型期間需要集中權威的同時，作為一種獨立自主的力量，市民社會能夠成為遏制這種權威向專制退回的「最後堡壘」；另外，市民社會在日常生活中也能夠發揮抑制國家權力過分膨脹的作用。

在中國改革開放必然向政治領域縱深的過程中，市民社會透過發展市場經濟和培育多元自治的結社組織，能夠為實現民主政治創設基礎性的社會條件。

市民社會內部發展起來的契約性規則、自治能力和利益格局是社會穩定的保險機制和控制機制。由於社會生活和經濟生活的非政治化，政治上的變動對社會其他部分產生的連帶反應也會因此大大減弱。同時，社會內部利益格局的多元化，也會使社會整體不穩定的可能性大大降低。

　　建構中國市民社會的具體策略是：採取理
性的漸進的分兩步走的辦法，亦即我們所主張
的「兩個階段發展論」。第一階段為形成階
段，其間由國家和市民社會成員共舉：國家在
從上至下策動進一步改革的同時，加速變更政
府職能，主動地、逐漸地撤出不應干涉的社會
經濟領域；社會成員則充分利用改革的有利條
件和契機，有意識地、理性地由下至上推動市
民社會的營建。這一階段的活動主要集中和反
映在經濟領域。第二階段則為成熟階段，其間
社會成員在繼續發展和完善自身的同時，逐漸
進入「公域」，[3]參與和影響國家的決策，並與
國家形成良性的互動關係。

　　1.6　迄今為止，中國知識界對中國現代化
的認知和研究主要著力於自上而下的過程。新
權威主義與民主先導論對中國現代化道路的選
擇雖各不相同，但是它們對這一問題的思考方
式卻是相同的，即在改革的思路上都沿循了自
上而下的理論路徑。[4]考慮到中國社會的歷史
特點及現代化啟動的特殊方式，這種自上而下

的認識路徑確實是可以理解的。但是必須指出
的是，如果說以往對中國現代化的研究始終局
限於自上而下的路徑乃是一種遺憾的話，那麼
在改革開放生機勃勃的今天，我們依舊囿於這
一思維定式，對自下而上地推動現代化進程的
社會行動者的意義和作用缺乏關照，就不能說
只是一種遺憾，而且還是一種大失誤。

　　建構中國的市民社會還應當消除幾種觀念
上的錯誤認識；一種誤識認為，市民社會在性
質上是資產階級的，因此倡導市民社會就是主
張和維護資產階級的利益，甚至是鼓吹資本主
義；這種認識的錯誤之處就在於把市民社會簡
單地化約成資產階級。事實上，資產階級的興
起只是西方市民社會的一種類型。從歷史發展
角度看，市民社會作為近現代民族國家的對應
物，具有普遍的特性，中國亦不例外。另一種
誤識認為，強調市民社會的獨立性和自治性，
就是不要國家，主張無政府主義。這種認識混
淆了國家干預的必要性和它的合法界線。提出
市民社會的獨立性和自治性並不是否定國家干

預的必要性，而是力圖對國家的干預劃出一定
的界線。最後，還有一種錯誤觀念認為，市民
社會是對抗甚或反抗國家的；這種觀念有一定
的道理，但是它只是西方社會歷史上的一種理
論架構，而且也只有從中國傳統文化中的民反
官思維模式出發來考慮這個問題才可能成立。
然而如上所述，市民社會具有抑制國家權力過
度膨脹的作用，但這種作用的目的並不能夠被
簡單地視作是反抗國家，而毋寧是在國家與市
民社會的二元結構中保持一種必要的平衡。

　　顯而易見，上述種種認識上的錯誤，都會
從不同的方面危及和影響市民社會的健康發
展，故應予必要的警戒。

二、何謂中國的市民社會

　　2.1．近代西方市民社會的形成乃是與西方
「近代國家」或所謂「民族國家」的出現密切
關聯的；從人類社會發展的複雜性和多樣性角

度看，市民社會在不同的歷史階段以及具有不
同文化背景的國家中，其涵義、構成、作用和
性質也會有所不同。[5]市民社會絕對不是一種
自然的和不變的東西，而是一種歷史的進化現
象；不是一致的共同模式，而是具有特質的社
會文化現象。因此，我們應當把市民社會放到
特定的歷史環境和文化背景中加以考察。另一
方面，市民社會又具有眾多的共同特性，如以
市場經濟為基礎，以契約性關係為中軸，以尊
重和保護社會成員的基本權利為前提，以其與
國家的關係框架為活動領域等等。因此，全面
把握市民社會的本質，必須將它的普遍性質和
特殊形態有機地結合起來加以思考。

　　2.2　根據中國歷史的背景和當下的現實，
我們認為，中國的市民社會乃是指社會成員按
照契約性規則，以自願為前提和以自治為基礎
進行經濟活動、社會活動的私域，以及進行議
政參政活動的非官方公域。它的具體內涵是：
　　中國市民社會是由獨立自主的個人、群
體、社團和利益集團構成的，其間不包括履行

政府職能、具有「國家政治人」身分的公職人員、執政黨組織、軍人和警察，[6]也不包括自給自足、完全依附於土地的純粹農民（需要指出的是，這種純粹的農民在當下的情勢中已經不存在了）。在中國市民社會中，企業家階層與知識分子是中堅力量，其原因是：企業家是營建、發展和完善市場經濟的主要力量；企業家在市場交易活動中依照契約規則本能地維護自利的同時能平等地對待他利，從而是平等契約精神的發揚光大者；企業家在市場經濟活動中深刻地體認到否定性自由（免受外部力量侵犯和免遭陷入社會混亂和失序的侵擾）的重要意義，從而是穩定秩序和維護市民社會的主導力量；企業家握有相當的財力和物力，是國家稅收的主要承擔者，從而是能影響國家有關決策的一方利益者；企業家所擁有的經濟實力和地位，使他們在組織和資助各種群體、社團和利益集團的社會活動中起著主導者的作用，從而是組織市民社會的領導力量。中國的知識分子，一般都具有現代意識和現代化知識；由於

社會結構的分化，一部分知識分子轉換角色，積極投身於企業家行列，成為引導經濟健康發展的中堅力量；而未投入經濟活動領域的知識分子，在教育、啟蒙、文化建設、研究、理論指導、尤其是批判既有制度性安排等方面起著不可替代的作用，他們是推進和指導市民社會健康發展的知識源泉和動力源泉。

應當指出的是，雖然中國農民從整體上說還沒有完全脫離土地，但是中國改革開放帶來的鄉鎮企業繁榮，培育出了一大批雖具農民身分的鄉鎮企業家和鄉鎮企業工人。隨著農村商品經濟的發展，他們也將成為中國市民社會中一支不可或缺的力量。

中國市民社會的內在聯繫在本質上講既不是傳統的血緣親情關係，也不是垂直指令性的行政關係，而是內生於市場交易活動的契約性關係。這就是說，市民社會內部每一方在為獲取他方所有而自己又需要的一部分權益的同時，必須讓渡自己的部分權益；換言之，在獲致這一部分權益的同時，也就承諾了對這部分

權益所必須履行的義務。這種契約性關係的確
立，首先是對市民社會中各個成員的基本人權
和產權的肯定，因為人們在締結契約或與他人
發生契約性關係之前，都必須被假定已擁有某
些權利和資源，否則從道德上和法理上講，他
們不具有理由也不可能把一些權益讓渡給其他
人。再者，這種契約性規則一旦得以確立，它
便對市民社會中每個成員的行為選擇構成了某
種外在的約束；每一個受制於這種契約性關係
的成員，都可以在遵循這種規則的範圍內理性
地競取自己的利益，並在自己的生活範圍內保
持充分的自主和獨立。

　　構成中國市民社會的各種團體、組織和個
人，都有獨立的法律人格。它們的活動和內部
管理具有高度的自治性質。國家必須尊重市民
社會所具有的這種獨立自治的特徵並透過法律
加以保護。一般而言，國家不干預市民社會內
部各團體、組織和個人的具體運作和活動方
式。然而，我們並不能由此得出結論說，市民
社會具有完全和充分的獨立性和自治性。當市

民社會內部發生利益衝突或糾紛而其本身又無能力解決的時候，就需要國家這個公共管理機構根據普遍適用的法律從外部介入對它們進行干預、仲裁和協調。[7]正是在這個意義上，我們說市民社會的獨立性和自治性是相對的，亦即「獨立但並不自足」。市民社會獨立程度的高低，與其成熟程度成正比：市民社會愈成熟，其獨立程度就愈高，自治性也就愈大。

在中國市民社會中，每個成員都不是在被脅迫或強迫的情況下，而是根據自己的意願或自我判斷而參與或加入某個群體或社團的。自願原則乃是中國市民社會的重要特徵之一，它是以高度尊重個人的選擇自由為前提的。自願結社的自願原則，其重要意義在於能使人們養成負責的態度和自我管理的習慣。

中國市民社會乃是非官方的公域和私域的結合。私域在這裏主要是指不受國家行政手段超常干預的經濟領域；市場經濟領域不僅是市民社會成員活動的主要場所，而且也是市民社會賴以生存和發展的基礎；因此，我們可以

說，沒有市場經濟就不可能有市民社會。非官
方的公域是指在國家政治安排以外市民社會能
夠對國家立法及決策產生影響的各種活動空
間。例如，在電視、廣播、報紙、刊物、書籍
等傳媒中表達意見和觀點，在沙龍、討論會和
集會中零散地面對面交換意見等等。透過這些
空間的活動，可以形成一種廣泛承認的社會意
見，即「公眾輿論」。它不是由國家或政府來
闡釋的，但是卻會對它們的活動產生某種影
響。

2.3　我們所提出的中國市民社會概念以及
對它的界定，是以國家與市民社會的二元結構
為基礎的。市民社會與現代國家生成始，就注
定要經歷一個既相互分離，又相互依賴的歷史
過程。在這個過程中，經濟和社會生活的非政
治化和世俗化是形成市民社會的強大動力。當
市民社會最終擺脫了國家的政治強制控制的時
候，也就是市民社會成熟與自覺之際。國家與
市民社會分化過程的結果，便是二元結構的確
立：作為政治設置的制度空間由國家占據，在

此以外則是私域和非官方公域這兩大基本的獨立領域，即市民社會。

2.4　為了充分理解中國市民社會這個概念，我們有必要把它與中國歷史上的各種民間社會組織區別開來。[8]為了便於論述，我們不妨將其稱之為「民間社會」，它主要是指逃脫或游離於大一統控制、以農民（有時也有紳士、強人、商人或官吏的介入）為主的各種組織形式，也包括與政府發生或近或疏關係的各種社團和群體組織，如互助性合作團體、幫會、民反官式的反抗性組織、甚至某些宗教團體等等。從基礎上看，這種傳統性質的民間社會組織並不是建立在市場經濟之上的，因此它不是憑藉理性的契約性法則來調整社會成員間的相互關係的，而主要是依賴親情血緣、俠膽義氣關係來維繫自身的；此外，它也不具有作為市民社會基礎的市場經濟所培育和發展出來的那種獨立自治的精神。從目的上看，中國市民社會所追求的目的是要促進和實現國家與社會的結構性變革，進而實現經濟市場化和政治

民主化；然而，無論民間社會所欲追求的目的
是什麼，它所依憑的各種支撐性條件都規定了
它不可能脫離傳統社會的性質而具有現代化的
導向。從功能上講，市民社會與民間社會的最
大區別在於：前者在自身獨立自治的基礎上以
與國家形成良性交互關係為其根本目的，後者
則不曾與國家形成彼此分化的二元性結構，更
談不上良性互動關係了。因此，中國傳統上的
民間社會與市民社會乃是兩種完全不同性質的
歷史現象。

三、中國市民社會與國家

3.1　中國在1949年以後逐漸形成了與計劃
經濟相適應的高度集權的政治體制。這種體制
不可避免地導致了國家與社會的高度一體化。
在改革以前，這種高度一體化的特徵是以社會
喪失獨立性為基礎和前提的，具體表現在以下
三個方面：首先，國家透過行政手段對農村實

行集體化和對民族資本主義工商業進行社會主
義改造，把所有的經濟成分都統合於國家計劃
經濟框架之中，使經濟成為政治的附庸，從而
在根本上扼殺了市民社會的前提條件，即市場
經濟；其次，國家以「政治第一」、「政治掛
帥」和「階級鬥爭」為指導原則，透過政治宣
傳、學習、討論辯論、鬥私批修、自我反省、
檢舉揭發、組織處理等各種方式，控制社會輿
論和人的思想意識，實行高度的政治動員，從
而使國家無所不包地控制了一切社會生活領
域，導致社會生活的高度政治化；最後，國家
在組織形式上透過單位制度把個人納入了行政
框架，致使個人成了高度的「組織人」，泯滅
了其應有的獨立人格。這種國家與社會高度一
體化的體制，不僅使社會喪失了應有的獨立地
位，阻礙了經濟的迅速發展，也使國家膨脹變
形，既影響了其自身應有功能的發揮，也使民
主政治無法邁進。

　　1978年中國改革開放以來，隨著國家行政
權力從社會－經濟領域的部分撤退，社會生活

的逐漸非政治化和商品經濟的迅速發展，國家
與市民社會的二元性分化開始展開，中國市民
社會也正在起步營建。在這種情況下，中國市
民社會與國家的關係也就自然而然地成了理論
界所應予關注的一個重大問題。

　　3.2　理論界對於市民社會與國家的關係問
題，始終存有爭議。由於各個論者所處的歷史
階段不同、所持的市民社會觀各異，所以得出
的理論模式也不盡相同。[9]

　　　從理論上講，我們大致可以把各種不同的
觀點歸納為兩大派別，即「國家高於社會說」
和「社會高於國家說」。前者強調國家塑造社
會的作用，而否定社會型塑國家的功能；在二
者的關係中，社會被認為是附屬於國家的。後
者則相反，它認為社會先於國家而存在，國家
是人們為了維護自身安全和利益而建立的政治
組織，它只是實現社會福祉的一種工具。對於
社會來說，它乃是一種「必要之惡」。因此對
於社會來說，國家的干預越少越好，政府規模
越小越好。

　　3.3　隨著市民社會理論在近年的「復
興」，在國家與市民社會的關係方面出現了某
些新的趨向，其中值得注意的是「造反對立說」
和「避風港說」。

　　「造反對立說」把國家簡單地化約為某一
政黨或某一政府，並將國家與市民社會的關係
簡單地認為是後者對前者的對抗甚或反抗關
係。這種觀點著眼於市民社會反抗國家這一頗
具動員民為對抗官方的一面，從而也就特別強
調了市民社會在面對國家或官方時的整體性、
一致性、同質性，也就是「戰鬥性」或「反抗
性」。

　　「避風港說」則認為，無論是試圖奪取集
權政府的權力還是試圖分享這種權力都沒有意
義；對生活在集權體制下的人民來說，最佳戰
略是把自己的精力投入經濟、宗教、文化等重
要的組織活動中去，而對專制者所把握的國家
不予理睬。[10]這也就是把市民社會視為集權政
治下的一個「避風港」；當人民都退縮進這個
避風港時，專制國家也就成了一種空殼。這種

觀點在解決國家與市民社會的關係上，主要突
出了消極迴避的一面。

　　3.4　根據中國社會發展的歷史及現狀，我
們主張市民社會與國家關係的「良性互動
說」。

　　從國家的角度看，它對市民社會的作用主
要表現在下述兩個方面：第一，國家承認市民
社會的獨立性，並為市民社會提供制度性的法
律保障，使其具有一個合法的活動空間；其
次，國家對市民社會進行必要的干預和調節；
這方面的活動又可以分為兩個層次：一是國家
進行抽象的立法活動，為市民社會的活動確立
對人人適用的普遍規則；另一層次是國家對市
民社會自身無力解決的利益方面的矛盾和衝突
進行具體的仲裁和協調。應該指出，市民社會
既非人間天堂，亦非鐵板一塊，其內部存在著
各種不同利益和不同價值取向的複雜關係；為
爭奪資源和利益而展開的競爭乃是激烈而又殘
酷的；收入分配、財產權力以及個人選擇的自
由空間等等，也很可能是極不平等的。此外，

市民社會更多表現的是特殊利益，它常常無力
自覺地維護社會的普遍利益，因此國家對市民
社會的干預和調節有其必然的根源。

　　然而，在承認國家對市民社會進行干預和
調節的必要性的時候，我們不能不強調國家干
預和調節的合理限度。確定這種限度的原則
是：國家的干預和調節不是透過政治手段，而
是透過採用普遍的法律手段和經濟手段來進行
的；國家干預和調整的領域不是市民社會能夠
自行按契約性規則予以管理或調整的領域，而
是市民社會無力自行調整的領域，如社會宏觀
調節和涉及社會總體利益的領域。

　　從市民社會的方面看，它對國家的作用也
主要表現在兩個方面：從否定的意義上說，市
民社會具有制衡國家的力量，亦即市民社會在
維護其獨立自主性時可以力爭自由並捍衛自
由，並使自己免受國家的超常干預和侵犯。正
是在這個意義上，我們說市民社會是保障自由
和防止權威倒退至極權政制的最後屏障。從肯
定的意義上看，市民社會的發展培育了多元利

益集團，而這些在經濟和其他領域中成長起來的利益集團發展到一定的階段，便會以各種不同的方式要求在政治上表達它們的利益；這種欲望和活動乃是建立民主政治的強大動力。在這個意義上講，市民社會為民主政治奠定了堅實的社會基礎。另一方面，在民主政治尚未確立之前，市民社會則可以透過各種非官方安排的渠道對國家的各種決策施以重大的影響，進而逼近民主決策的目標。

3.5　顯而易見，中國市民社會與國家的良性互動乃是二者之間的一種雙向的適度的制衡關係；透過這種互動，雙方能夠較好地抑制各自的內在弊病，使國家所維護的普遍利益與市民社會所捍衛的特殊利益得到符合社會總體發展趨勢的那種平衡。當然，本文所構設的互動關係的良性形態，只是一種理想形態；一般來講，在現實社會中，這種理想形態的互動關係並不存在，而往往只是其不同程度的變形而已。例如，國家可能會打著普遍利益的旗號運用各種手段超常干預市民社會，於當下的範例

乃是西方所推行的「福利國家」模式；另一方面，市民社會也會運用各種手段極力挺進其特殊利益，甚至侵損普遍利益，致使喪失社會正義。因此，趨進這種理想形態仍是我們的目標，因為市民社會與國家的良性互動關係越完善，整個社會也就越能得到健康的發展。

四、中國市民社會的建構

4.1　為提出中國市民社會進一步發展的構想，有必要先對中國市民社會形成的各種因素（途徑）進行一些粗略的檢討。形成中國市民社會雛形的因素主要有國家、社會及外部因素這三大類。

由上而下的國家因素。1978年以來，國家所採取的改革開放政策，客觀上對中國市民社會雛形的出現做出了很大的貢獻，例如，中國1949年解放後三十年，尤其是「文革」十年，極左思潮橫行達至泛濫。1978年真理標準問題

的大討論，啟動了一場從上往下的思想解放運
動，為政府轉變工作重心提供了意識形態依
據，整個國家從「以階級鬥爭為綱」轉向發展
經濟，並根據這一歷史性轉折推行了相應的政
治體制改革。其中，政府對企業的放權、職能
的轉變，在一定程度上導致了整個社會經濟生
活的非政治化，亦即國家從社會經濟生活領域
中部分撤出。

　　鑒於文化大革命的沈重教訓，國人開始重
視法制建設。改革開放以來，國家的立法功能
有了較大的發展，一大批法律、法規陸續出
臺。其中，行政訴訟法、民法、企業法等法
律，對於處理國家與企業、國家與公民的關係
具有重要意義。隨著這些法律在實踐中的適用
程度不斷強化，它們對市民社會建構的重要意
義也將不斷增加。

　　三十年行政超常干預下的計劃經濟失敗，
促使國家從全面計劃經濟走向商品經濟，從而
促使個體、私營經濟、鄉鎮企業的興起和市場
經濟的出現，中國市民社會大廈由此開始奠

基。隨著市場經濟的發展，尤其是搞活大中型企業的壓力，國家開始推行股份制試點，使國營企業經過股份制改造後在某種程度上脫離了國家的行政控制。國家在經濟領域中身分的逐漸改變，為市民社會的發展留出了相應的空間。

為了推進改革開放和引進技術、資金，國家不僅開放了一大批城市，而且還透過各種優惠政策鼓勵和促成外資的流入，由此產生了各種規模的三資企業。它們形成了一個相對獨立的新興經濟領域。

為了確保個人、企業的經濟利益，為了消除外資的顧慮，國家制定了各種政策和法律以保障其權益。這在某種意義上也就是國家透過制度性安排確立了一部分市民社會與國家之間的疆界。

中國五○年代以知識分子為主要對象的反右運動以及十年「文化大革命」，對於曾具有些許獨立品格和具有現代化觀念的知識分子階層進行了殘酷的打擊，給中國的教育事業帶來

了極大的破壞，使中國出現了知識和人才的斷
裂帶。國家在1977年恢復了高考制度，培養出
了一大批具有現代知識和觀念的知識分子。這
為市民社會的中堅力量提供了來源，同時也為
市民社會的形成和發展提供了知識基礎。

　　由下而上的社會因素。這是指在國家活動
領域以外，由社會成員自發或自願進行的創新
活動。在中國現代化的進程中，這是一股勃勃
向上的社會力量，例如，安徽省鳳陽縣農民在
擺脫貧困欲望的驅動下，以自己的自發行動，
打破了人民公社以來的集體經濟僵局，首創了
家庭承包責任制，從而邁出了農村經濟改革的
第一步。承包責任制在全國範圍的推廣，使農
民逐漸擺脫了行政指令的束縛，得到了自由、
自主和利益。

　　浙江省溫州市自發的個體和私營經濟在極
左的年代裏幾經打擊，卻持恆不滅，在1978年
改革開放以後，得到了蓬勃發展。溫州個體和
私營經濟合法地位的取得，牽發了全國範圍內
其他城鎮中大量個體戶以及多家個體戶聯營的

經濟團體的出現。

　　在思想解放的過程中，出現了大量的民間社團，尤以出現知識分子民間文化研究團體為大勢。自此以後，各種其他類型的獨立社團也開始在中國出現。

　　在舊體制的瓦解過程中，原有的要素不斷從中游離出來。其間大批公薪人員放棄鐵飯碗，走出公家大門，從事自謀生路的自由職業。他們從事的行業之廣、人數之多，令人刮目相看，所創造的社會財富比重也日漸加大。更為重要的是，從體制內向體制外的職業轉換或稱「跨體制的人員流動」帶來了心理素質、思想觀念和行為方式的變革，自立、競爭、互助、風險、信用、妥協等價值觀正在確立，個人獨立精神亦日益伸張。

　　由外而內的外部因素。這是改革開放以來，國際社會對中國產生的重大影響。中國改革開放以後，外資大量湧入，出現了為數可觀的三資企業。這些外資除其自身的非政治化特性以外，還加速了它們所參與和滲入的企業的

非政治化過程，從而形成了一批不受行政干預
的獨立企業法人。

　　在對外交往中，國家為了順利地進入國際
社會並贏得與中國相適應的國際地位，逐漸強
調按國際慣例辦事。這種在國際交往過程中所
遵守的慣例和行為準則，很容易產生「內化效
應」，即移植到國內的社會經濟生活之中。知
識產權的保護和生態環境的關照，就是重要的
範例。可以預見，隨著開放程度的深化，國際
社會的這種影響將進一步加大。

　　上述三大方面因素的枚舉雖不是窮盡的，
但它們卻足以表明：隨著國家逐漸退出經濟領
域和社會生活領域、市場經濟的繁榮、契約性
關係在一些領域中的確立、市民社會力量的壯
大和合法化等等，中國市民社會的雛形開始浮
現；透過法律和政策的規定，中國市民社會與
國家的二元性分化亦日趨成形。

　　4.2　在這種情況下，如何把「自在」的市
民社會發展為「自為」的市民社會，換言之，
由不自覺地型塑市民社會的階段向自覺地建構

市民社會的階段挺進，是擺在我們面前的一個
巨大而沈重的歷史任務。

　　4.3　為了保證中國市民社會的順利發展，
我們認為，在國人有意識地建構中國市民社會
的時候，應當避免兩種極端傾向：首先，避免
在市民社會尚未成熟到按契約性法則自行運作
並成為穩定社會秩序的力量之前，在市民社會
尚未能恰當獨立於國家，進而克服自身因經濟
先行民主後滯而特有的依附性或依賴性之前，
就超前過熱地參與政治的取向；其次，避免運
用中國傳統的民間社會觀來指導中國市民社會
建構的傾向，因為這種觀點易使中國市民社會
的建構在盲目狂熱的情緒中回歸到傳統「民反
官」的單一路向，給國家與市民社會良性互動
關係的形成帶來障礙，從而阻礙中國民主政治
的進程。

　　4.4　為此，我們主張中國市民社會建構的
「兩個階段論」。

　　4.5　中國市民社會建構的第一個階段所要
達致的主要目標是初步建構起市民社會，形成

國家與市民社會的二元結構。

　　這一目標的實現主要是在經濟領域展開，其實現手段也主要是透過經濟機制，例如，各種經濟組織取得獨立的法人資格，從而擺脫行政或血緣關係；透過市場的發育、培養和確立契約性關係；發展商品經濟，實現自主獨立的人格並形成客觀的利益格局和行為規則，等等。當然，除經濟領域外，市民社會的建構還可以透過自願團體、結社等各種自治組織加以實現。在這裏，我們尤其強調國人市民社會意識的培養對於建構中國市民社會的重要意義。沒有廣大社會成員有意識的共同努力，中國市民社會的建構是無法想像的。

　　這一階段要解決的主要問題是，獲取市民社會相對於國家控制的自由空間和作為前提的獨立自主性。這兩個問題不解決，中國市民社會與國家的二元結構就不可能真正形成，試圖用法規來調整二者間關係的願望也就不可能成為現實。

　　應當指出的是，取得獨立自主性和自由這

個問題對於中國的市民社會建構有著特別重要
的現實意義，因為中國市民社會的形成與西方
早期市民社會的崛起之間存在著一種根本的區
別，那就是前者的發展動力主要源自國家而非
個人，例如獨立企業的出現和一段時期內的發
展依靠的是國家的政策，因此它們具有很明顯
的依賴性或依附性；而後者的發展動力一開始
就來自私人資本而非國家，因此它的獨立自主
性就比較強大。

　　4.6　中國市民社會建構第二個階段的主要
目標是，在第一階段的基礎上進一步完善市民
社會，透過各種各樣的渠道實現對國家決策進
行正面意義上的影響，亦即積極的參與。這是
中國市民社會從私域向公域的擴張，亦即中國
市民社會除獲致的相對於國家的獨立身分以外
又爭得的參與身分，進而實現市民社會與國家
間的良性互動關系。顯而易見，市民社會如果
只具有否定性的制衡能力，而不具有肯定性的
參與能力，那麼這種市民社會在功能上就不是
完整的，它與國家在二元結構基礎上的關係也

不可能形成良性互動。因此，中國所需要建構
的市民社會不僅應當具有經濟自由的能力，而
且還應當具有影響國家決策的積極參與權利。
從另一個面相觀之，中國現代化的終極目標之
一乃是要實現政治民主化，然而所謂的「政治
民主」沒有市民社會作為其基石，沒有以多元
利益組織為基礎的公眾參與作為其結構性安排
之一，是不可能實現的。換言之，只有當公眾
以自願結社組織的形式把自己團結起來，並透
過各種管道對國家生活施加影響時，政治民主
才可能出現。也正是在這個意義上，我們視市
民社會為政治民主的一個前提性條件。

　　4.7　這裏的關鍵問題是市民社會透過何種
機制去運用它所具有的參與權利和實現影響國
家決策的目的，這一點對於政治民主並未制度
化的國家來講至關重要。就政治學意義上講，
公眾參與所憑藉的乃是法律所確認的獲知權
利、言論自由權利、自由結社權利、出版自由
權利等等。然而這些權利的確立並沒有解決享
有權利者在進入政治過程方面的平等問題，因

此，為了使市民社會中的不同利益群體能較為
平等地把自身的特殊利益滲入政治過程，進而
有效地影響國家有關決策，就需要培育出一套
制度性程式和規範，以保證實現上述基本權
利。因此，中國市民社會在第二階段實現積極
參與功能的同時必須把培育和確立這種制度性
程式和規範作為根本任務之一。

　　4.8　需要特別強調的是，中國市民社會建
構的第一個階段與第二個階段並不是完全割裂
的兩個階段，而是存在著有機聯繫但各有側重
點的漸進發展過程。我們並不斷然主張市民社
會的積極參與功能只能在第二個階段加以發
揮，實際上它在第一個階段就可能出現；這取
決於市民社會是否業已取得了獨立於國家的身
分，取決於市民社會是否已成為一種自穩社
會，也取決於市民社會是否合法地獲致了對非
官方公域的支配。

五、結語

　　中國市民社會的建構將是一個長期的過程，從國家－市民社會二元結構的形成，到二者之間發揮積極的良性的互動功能都不是一蹴而就的。提出建構市民社會的理論，正是為了促使國人自覺地、有意識地投入到市民社會的建構中去，為市民社會與國家之間良性互動創造條件和基礎，從而減少盲目性、情緒性和非理性。

　　建構中國市民社會又是一個艱巨的過程。這種艱難主要來自以下方面：首先，中國於歷史上是一個中央集權的專制國家，獨立的社會力量之發展通常受到大一統集權的鉗制和扼殺。更為重要的是，由於國家缺乏現代性質，有些曾經出現的獨立力量也無從形成現代意義上的市民社會。近代中國也沒有為我們留下豐富的遺產，資產階級的軟弱、紳士階層的沒

落，注定了中國近代市民社會的難產。1949年
以後，高度政治集權體制的建立，使國家與社
會的結構失衡趨於極點。在具有這樣一種歷史
背景的國度中創建市民社會，其難度是可以想
見的。

　　其次，國家與市民社會的疆界在實踐過程
中怎樣合理地界定，不易把握。通觀各國歷
史，不但在不同時期這　疆界是變動的，而且
在不同的國度這一界線也是不同的。與此相
應，理論上提出一個理想的互動模型較為容
易，但實踐過程中二者的互動方式、各自的功
能之發揮則大相異趣，並沒有一個統一的典範
可循。因此在判斷國家干預的合理性或主張市
民社會的自治性時，要找出妥當、適宜的標準
並不容易。

　　再次，當人們倡導建構市民社會時，很可
能自覺不自覺地較多注意到它的合理性、它的
優長和它的功能，而相對忽視市民社會內部可
能出現的問題。如本文3.4所述，市民社會內
部存在著各種矛盾和衝突，這不但可以引出國

家干預的必要性，而且值得指出的是，這種矛
盾和衝突如果處理不當還很可能導致市民社會
本身的分崩離析。

　　指出建構中國市民社會的長期性和艱巨
性，目的在於喚起國人持久的努力和警省。中
國現代化大業需要國人的共同努力和積極參
與，而只有在自上而下與自下而上、由外而內
與由內而外這些眾多向度和層面的交互中，才
能使中國現代化擺脫兩難困境、走出惡性循
環，才能為實現現代化目標動員起充足的社會
資源。本文寫作的根本意向即寓於此。

注　釋

[1]
參見劉軍和李林編，《新權威主義》，北京經濟學院
出版社，1989年版。

[2]
同上。

[3]
參見本文2.2。

[4]
例如，民主先導論當中的一派人士就主張從國家政治
生活的最高層次考慮問題：呼籲修憲、議會政治、多
黨角逐，進而自上而下地推進低層次的民主政治；新
權威主義和新保守主義則明確信奉「開明權威」、「
具有現代化頭腦」或「具有現代化導向」的權威。

[5]
西方學者關於市民社會的論述不盡相同。例如，在自
然法學者那裏，市民社會乃是與自然狀態相對的一種
文明狀態。黑格爾批判了上述觀點，指出了市民社會
的歷史性。他認為市民社會是人類倫理生活邏輯展開
中的一個階段，並必將為國家所超越。馬克思立足於
經濟關係來討論市民社會，並把市民社會等同於資本
主義社會。在托克維爾眼中，市民社會則是不受國家
干預並防止國家專制的社會生活領域。

[6]
這裏要把握角色的概念。在社會中，一個人可以扮演
許多角色，當國家工作人員不以公職角色出現時或不
履行國家職能時，他們也是市民社會的成員。

[7]
關於國家干預市民社會的必要性，參見本文3.4。

[8]
港臺學者多有將civil society一術語譯為「民間社會」

　　的，本文不準備對該譯名妥當與否進行檢討，儘管這
種翻譯擇詞結果也是我們要強調市民社會與民間社會
區別的一個原因。

[9]
　　約翰・基恩（John Keane）追索歷史縱線，從市民社
會與國家的關係出發，考察了各種試圖區分非國家領
域與國家領域的學理嘗試，並將之概括為五種模式：
安全國家（security state）、憲政國家（constitutional
state）、最小國家（minimum state）、普遍國家（uni-
versal state）和民主國家（democratic state）。參見
Democracy and Civil Society, London: Verso, London:
Verso, 1988, p.31.

[10]
　　參見喬治・科納德（George Konard），《反政治》。

附錄二
臺灣民間社會語式的研究

　　臺灣的現代化發展，在過去的數十年裏，

---

*在本文的寫作過程中，景躍進、張小勁、楊念群和程
　農諸位先生提出了寶貴的意見，另需指出的是，本文
　的寫就還得益於臺灣學界高輝等同仁以及澳大利亞大
　衛・凱萊（David Kelly）教授所慷慨寄送的各種資料
　和書籍，筆者於此一併致謝。特別需要指出的是，本
　文發表於1993年，其中討論的事實性情勢，從今天的
　角度來看，已經發生了很大的變化；而其間最大的變
　化則是國民黨以和平的方式將統治權交給了在民主選
　舉中獲勝的民進黨。但是，我當時在本文中所闡釋的
　那些觀點，我認為依舊有效。此外，也是從理論研究
　的角度出發，我特意將本文作為「附錄」之一部分刊
　發在這裏。

於經濟一面獲致了舉世公認的顯著成就，成功地與南韓、新加坡、香港一起躋入了所謂新興工業化國家和地區的行列，俗譽為「亞洲四小龍」。然而，臺灣的這一現代化進程，從其始發起便內涵著F. H. 卡多索（F. H. Cardoso）所謂的「developmentalist國家」的一些趨向：「第一，運用國家所掌握之權力和經濟資源來增進物質生產，一方面建立以謀利為原則的國營企業，一方面扶助或放任私人資本積累；第二，國家宣稱它代表全國國民的共同利益，並以此來權威化其統治的正當性」。[1]正是在這個意義上，一些論者認為臺灣這種現代化發展道路似乎規定了其在資本主義經濟面相上的高速性，以及因自由市場經濟與私人資本積累的推進而給社會分化於「國家」[2]並自主地發展提供了空間和基礎，進而為驅動政治民主化進程生成出某種意義上的結構性力量，然而也規定了其在政治面相上的相對守成性，亦即發展理論所謂的「政治發展的滯後性」。[3]但是，在七〇年代下半葉，臺灣卻在持續經濟發展的情況

下邁上了政治民主化的道路，並於1987年實現
了政治自由化。[4]「一個社會能如此之迅速地
從一黨威權統治（single-party authoritarian
rule）轉型至以自由選舉及自由出版為基礎的
多元政體，並仍能同時持續經濟繁榮及社會穩
定，在歷史上實屬罕見」。[5]值得指出的是，儘
管臺灣業已達致了政治自由化，而且國民黨的
選票得票率連年下跌，充其量只能作為一個具
有優勢的政治力量而存在，但是對於一個歷史
上不曾有過民主政治經驗的地區而言，臺灣政
治發展可以說尚未跨越國民黨下野、反對黨入
主當權以及形成一套獲致共識的民主政治制度
的政治不歸點，因此臺灣的政治民主化進程還
未真正完成。

　　臺灣現代化發展所涉及的諸多理論問題，
之於現代化理論或發展理論，最重要的可能是
經濟發展與民主政治的關係問題[6]。一般而
言，現代化理論雖然不探究自由民主政治的前
因後果，但卻往往認定經濟發展與政治民主化
之間存有正面的經驗性關聯[7]；丹克瓦特・羅

斯陶（Dankwart Rustow）則認為，經濟因素
與政治民主化之間的經驗性關聯並不意謂著兩
者之間存有一種必然的因果聯繫[8]；另有一些
論者更是明確地反對經濟發展與民主政治具有
因果勾連的那種決定論式思維典範，一如亨廷
頓所言，「美國政府政策的基本假設是：經濟
發展是政治發展與政治穩定的必要條件。……
其實，經濟發展與政治穩定，是兩個獨立的目
標，一個方面的進步未必就同另一方面的進步
有關」[9]，更直接地說，「實踐中的現代化往
往意味著一個傳統政治體系的變化和解體，並
不一定意味著向現代政治體系大踏步地邁
進」。[10]換用政治社會學的視角觀之，威權統
治的轉型具有多種取向的可能性，或可能形成
某種自由民主型的政體，或可能出現革命性政
權，甚或可能經過某種取向的發展以後又回歸
至威權統治。

　　然而，筆者以為，「經濟發展與民主政治」
這一分析架構雖已具經典性意義，但在某種意
義上卻缺失對經濟發展與民主政治這一向度的

仲介問題的正面關懷。[11]經濟發展未必直接導致政治發展，一如經濟危機亦未必直接導致政治危機，其間都存有一個仲介的問題。在筆者看來，經濟發展與政治民主化這一向度的中介，乃是指以自由市場經濟為基礎而逐漸形成的社會自主化進程（或稱為市民社會的建構進程）；它涉及到經濟發展與市民社會的關係、市民社會與政治發展的關係，亦含括到市民社會與國家的互動關係以及上述三者間的互動關係。這種研究在學理上的抽象既可是「市民社會與國家」（或「市民社會與政治發展」）的二元分析構架[12]，亦可是「經濟·市民社會·國家」的三元分析框架。[13]但是，這個問題太大，需要有專門的著作來討論，本文關注的是一個與此相關的小問題，亦即臺灣學人對臺灣經濟發展及政治民主化進程中市民社會的研究以及此一研究中所存在的一些問題。

英語civil society一詞，在臺灣學界大體上被譯成「民間社會」。最早以此一概念為出發點進而提出「民間哲學」或「民間社會理論」

的，據考有關文獻[14]，大概是南方朔、木魚、
江迅等人。1986年下半年起，南方朔藉由〈拍
賣中華民國〉(《前進》，1986年7月號)、〈臺
灣的新社會運動〉(《中國論壇》，1986年第269
期) 等議題的闡釋，逐漸將「民間社會」的觀
念予以展示，並輔陳為立基於臺灣本土的新語
式 (new discourse)。其後江迅、木魚等人以
《南方》雜誌為陣地，繼續拓深民間社會理論
的探究[15]，初步勾勒出臺灣民間社會理論的框
架。臺灣民間社會論者後又在回應1987年《前
方》雜誌一些文字的批判及1989年《中國論壇》
半月刊一組文章的質疑過程中，進一步闡發和
梳理了此一理論，終使其以全新的「國家與民
間社會」的分析架構及由下至上的思維進路檢
討或前瞻臺灣政治、經濟和社會的發展模式而
成為臺灣學界繼「邏輯實證論」、「存在主
義」、「批判理論」、「依附理論」、「後現代
主義」等理論之後的又一比較完整的凸顯思
潮。

　　然而，當下有一些論者憑據各國市民社會

研究與臺灣民間社會理論都源出於英文civil
society一術語，二者都主張「civil society與國
家」的基本分析架構以及自下而上的思維進
路，就將後者簡單地比附於前者，甚至予以混
同。這種簡單的比附或混同，於學理層面至少
存有兩種誤導：首先，它將掩蓋市民社會理論
對civil society之定義及對「國家與civil society」
關係框架之界定的實質性意義，並對國家與社
會分離結構的形式合理性做無限放大，從而混
淆各種市民社會或民間社會理論及其之於民主
政治的意義；阿瑞夫·德力克（Arif Dirlik）
在檢討學界對哈伯瑪斯「市民社會／公共領域」
（public sphere）的研究時嚴肅地警戒道，「當
下，普遍存在於中國研究領域中這些概念（指
市民社會和公共領域——引者注）的用法問題
並不在於複雜性，而在於化約論，即用複雜的
概念的某一方面來替代全部……」。[16]質而言
之，德力克所謂的「化約論」與本文上述以形
式合理性的一面替代形式及實質合理性之全部
的趨向，於某種意義上具有同質性。

　　其次，更深一層面地看，上述簡單地比附
與混淆的解讀，還隱含有這樣一種預設，即大
凡主張市民社會或民間社會論者，基本上都設
定了一種同樣的「國家與civil society」的關係
結構，而這種結構的合理性能使其產生正面的
功能，似乎一如西方的市民社會理論對西方政
治民主化具有正面功用，東歐的公民社會理論
對東歐集權政治的轉型具有積極重大的作用，
那麼臺灣的民間社會理論亦就必然能在臺灣政
治民主化的進程中產生同樣的功用。但是，這
種預設本身之所以得以成立，其原因在於它對
市民社會在不同時間空間下所具有的實然的或
應然的形態、以及市民社會理論對國家與社會
之關係的不同界定之於不同政治文化和發展階
段的國度所具有的不同意義的誤讀。在德力克
那裏，亦就是忽略了「驅動形成這些概念的
「意圖」即非「道德和哲學的」亦非「社會學
和歷史學的」……，而是社會發展階段的歷史
性所賦予的政治批評」。[17]又如安東尼奧·葛
蘭西從正面指出的，「在東方，國家就是一

切，市民社會處於初生而未成形的狀態。在西
方，國家與市民社會之間存在著調整了的相互
關係。假使國家開始動搖，市民社會這個堅固
的結構立即出面。……當然這個或那個國家都
是如此，只是程度大小不同。正是這個問題應
用到每一個國家去時要求加以仔細的分析」。
[18]另外，這一預設還隱含著一種把「市民社會
乃是民主政治的必要條件」解讀成「市民社會
乃是民主政治的充分條件」的邏輯含混趨向，
實際上，民主政治一定有市民社會為基礎，但
有市民社會未必就導致民主政治。

　　鑒於此，本文試圖透過對臺灣民間社會理
論提出的背景、其欲求達致的目標以及其研究
進路等方面做一番爬梳，明確臺灣民間社會理
論所構設的「國家」與民間社會之間的形式結
構及實質構架，進而檢視此一框架之於臺灣政
治民主化進程的意義以及它對此一進程所可能
產生的誤導。

一

　　江迅和木魚在〈為民間社會辯護〉一文中明確指出，「提出『民間哲學』或『民間社會理論』，並不是一味翻版西方最新學說，而是基於我們對過去歷史實踐的反省，以及對理論在實踐過程中的種種偏逸、異化、乃至形成『非人性化』的『真理政權』的失望與覺悟……」。[19] 臺灣民間社會論者對歷史實踐的反思，主要是從下述幾個方面展開的：[20] 第一，共產主義國家的改革或變革。這具體表現為世界範圍內冷戰的終結及和平共存原則的弘揚，一些社會主義國家開始推進現代化建設以及東歐國家進行的經濟自由化和政治民主化運動；第二，資本主義國家近數十年的發展變化（如經營權與所有權的分離、第三產業的高速膨脹、新工人階級的誕生、福利國家的發展、工業民主制的逐漸形成等），尤其是各種跨越了

資本主義與共產主義截然兩分的思維邏輯的新
社會運動的不斷湧現，全面指向了對西方工業
文明的徹底反思；第三，自胡適、殷海光以
降，一些強調分權制衡、開放容忍、點滴改良
的自由主義者，始終以「純潔對抗醜陋」、
「普遍理想對抗權力現實」，然由於對具體而確
著的各種「支配／反支配」情境欠缺學理把
握，而往往流於「純粹容忍」的不動員症性
格，從另一個側面則呈示為對知識分子與大眾
之間的有機結合缺乏具體關照；因此，傳統自
由主義在危機重重的臺灣現實困境中無力擔負
起結合理論與實踐的思想指導；最後，臺灣現
有語式架構對臺灣現狀的不適用性。臺灣當下
最為盛行的「統一」或「住民自決」的語式，
都無從把握現實實踐的發展脈動，套用臺灣民
間社會論者的話，「所謂『統獨戰爭』，往往
流於茶壺裏的風暴，並無法提出理論與實踐合
一的洞察」；[21]另一範例乃是傳統左派或階級
化約論者[22]依舊使用的「階級」語式，他們把
階級分析貫穿所有現實情勢的解讀，模糊了各

種新生社會運動以及因社會進一步分化而生發的各種新型社會關係所具有的非階級品格和極為深刻的時代意蘊，乃至抹殺了各種「支配／反支配」情境的複雜性。

從臺灣民間社會論者對上述四個方面的歷史實踐的反省中，我們大體上可以爬梳出臺灣民間社會理論的一些欲求以及其間所蘊涵的理論品格。首先，透過對世界範圍內的社會主義國家及資本主義國家於二十世紀下半葉冷戰結束後所發生的一系列變革的檢討，民間社會論者以為有必要對「這些理論與實踐乖離的現象」，亦即「社會主義與多元民主之間的適當扣連」和西方傳統工業文明逐漸顯露出來的弊端，做出認真思考；之於民間社會理論的提出，它意謂著拋棄傳統的意識形態之爭或思考邏輯，切實地將理論研究與具體而確著的現實實踐結合起來。其次，透過對臺灣歷史上傳統自由主義的不動員症性格的批判以及對傳統左派的階級化約論的質疑，「我們以為有在自由主義與馬克思主義之間，重新開拓出另一組論

述架構的迫切需要」，進而「在一個合乎民主、正義、張揚人性尊嚴的基礎上，為當前現實實踐正在形成的多元力量提供理論的疏解」，[23]為結合理論與實踐提供思想上的指導。然而，綜觀上述四個面相的反思，貫穿始終的根本基點乃是臺灣民間社會論者對理論與實踐，尤其是臺灣當下的實踐緊扣的欲求，這就從一個側面標示出臺灣民間社會理論的內在發展邏輯從一開始便具有著強烈的動員性格和實踐品格，並在某種意義上規定了它具有欲打破其他意識形態的局限而自身卻不得不陷入意識形態的內在困境。

從邏輯分析的要求出發，我們還必須對臺灣的現實實踐脈絡予以釐清，並憑據對這些問題的分析，發現臺灣民間社會理論欲求動員和結合的具體的現實實踐，進而明確該理論的研究進路或思維路徑。

臺灣體制危機中最為根本的政治經濟問題一般被認為有：第一，國際人格的缺失，造成自我認同的不確定性，進而導致認同危機。臺

灣政治的一個特殊性，在於其社會與其「國家
機器」之間的不一致性，即臺灣當局所宣稱認
同的領域與其實際控制的領域不同；這個現實
與主張之間的緊張，致使臺灣社會迄今仍不具
一個明確的認同對象，「而這個認同的危機造
成了嚴重的政治社會衝突。國民黨政府的認同
中國，因此要維持部分的既有體制而沒有大幅
度的民主化；而民進黨的認同臺灣，使得它要
求政治的全面民主化，……甚至在社會運動
裏，由於認同的矛盾，也使得社會運動之間無
法團結而分化和對立」。[24]套用G．A. 奧蒙（G.
A. Almond）和G. B. 包威爾（G. B. Powell Jr）
的話說，「臺灣的政治是由對中國大陸的恐懼
和國民黨返回大陸統治全中國這種神話所支配
的」。[25]第二，與此緊密勾連的一個問題是，
臺灣與中國大陸的長期隔絕，致使國民黨當局
形成了一種深層的恐共心態，於現實層面則表
現為對臺灣社會自主化發展的一種環境限制，
冷戰時期，由這種隔絕或對峙而生發的恐共陰
影，使國民黨當局得以憑此為藉口運作各種手

段壓制社會，結果臺灣社會幾乎完全統合於國家，不能形成自主自發的品格；冷戰結束以及大陸與臺灣之緊張狀況有所緩和，理論上講國民黨恐共心理會有所消彌，但由於中國大陸合法政府不會放棄對臺灣的主權這一事實，使臺灣當局藉此壓制臺灣社會自主化發展的可能性依舊存在。第三，國民黨政教合一的威權政治結構[26]，自七○年代末的政治反對黨運動至八○年代各種運動的持續衝擊，最終於1987年趨於解體；然而，國民黨威權統治體制並未達致全部的民主化，正是在這樣的前提下，日益蓬勃發展的民間社會力量憑藉著已然獲致的結社自由和言論自由的法律保障而形成了更強有力的衝擊既有體制的運動。最後，臺灣威權體制的支撐基礎乃是一種所謂的「政治經濟利益共生共利的複合結構」，[27]其間的經濟發展模式則是從內向發展的進口替代工業模式轉向以國家資本為主導之依賴發展的外向型出口加工模式，亦即依賴的、邊陲的經濟體制；邊陲的依賴發展（peripheral dependent development）和

邊陲的資本積累（peripheral capital accumula-
tion）。然而，臺灣經濟發展模式的邊陲性和依
賴性卻在深層面上表現為對美國及日本等資本
主義「中心國」的依附，這就使臺灣那種與經
濟利益共生共利的政治統治體制達致所謂「自
己當家作主」之目的的企圖，只能在根本上淪
為一種不可靠的政治經濟神話。

　　江迅在〈謝長廷對趙少康：意識形態的黃
昏──從統獨迷思到民間哲學的確立〉一文中
指出，上述臺灣政治經濟的問題雖「形成臺灣
體制危機的根本癥結」，並為「尋求國家人格
及文化認同的統獨論爭找到了最直接的導火
線」，但是，因這些問題而引發的統獨論戰
「雖然表面層次已經提高，卻不僅不曾為混亂
淺薄的臺灣思想界及政治運動提供清澈的洞
察，反而製造出無數對立情結和頑固執念，並
引發各種團體間非理性的誤解和對抗」。「由
此出發，臺灣能不能具有國際人格。臺灣由誰
統治，臺灣應該獨立或統一，都不是問題的核
心」。[28] 問題的核心毋寧在於，亦即「民間哲

學所追尋的，是力求客觀現實能緊隨理論的逐
步實踐而有所改變；上述四大問題，如果我們
不再把它們化約成四個終極目標，而細分為無
數個實踐階段，那麼最有力的物質憑藉及實踐
主體，必然會落回到民間自發力量的成長
上」。[29] 換言之，解決上述四大問題的前提條
件乃是「如何使民間力量不斷成長，使民間力
量成為推動社會進步、拒斥外在束縛及壓迫的
有效憑藉」，「使民間力量從被動轉為主動，
從溫馴的客體轉為實踐的主體，從由上而下的
教化轉為由下而上的抗爭」。[30] 透過上述問題
的清釐，我們發現，臺灣民間社會理論或民間
哲學所訴求的疏解對象、動員對象、乃至導引
對象是臺灣民間力量，亦即欲求其理論與那種
憑藉「政治經濟利益共生共利複合結構」為支
撐的臺灣威權政治體系以外的民間各種政治運
動及社會運動之多元力量的發展實踐相結合。
臺灣民間社會理論的這一定位，從理論上講具
有兩個方面的指涉：第一，它蘊涵著對「民間
社會與國家」二元結構在歷史進程中所具有的

意義的認定；國家有著其自身的運作邏輯，民間社會也具有其自主運作的邏輯，二者互不隸屬；而這一認定的邏輯展開便是臺灣民間社會論者欲賦予臺灣民間社會力量以一種外在於國家的結構性力量或品格的企圖，表現在理論上，就是臺灣民間社會理論所主張的「民間社會與國家」的二元形式框架；此外，臺灣民間社會論者還認為，在政治民主化的進程中，「民間社會與國家」的架構要比「勞動與資本」架構更為重要，因為後者明顯不能含括前者所指涉的眾多非階級性質的「支配與反支配」關係，而前者卻能周延後者，一如木魚所言，「顯然的，『人民』是個對應於『國家權力』的範疇。『人民／國家』在近代一直是活躍地貫穿支配／反支配動態歷史的主軸，它的另一面是西方『公民權』觀念內涵的不斷深刻化，其重要性絕不亞於『資本／勞動』這一基線，1981年前後波蘭工聯民間自主化運動中，『人民／國家』甚至已完全涵攝取代了『勞動／資本』成為抗爭主題。」[31]

　　第二，從研究進路或思維路向看，臺灣民間社會理論那種以民間社會力量發展為其實踐落基，並視民間社會力量發展至與國家相對的結構性力量為達致臺灣政治經濟問題解決的前提條件或唯一動力的「民間社會與國家」二元分析架構，深刻地隱含著一種對中國政治文化的精英主義政治本質以及精英式思維路徑予以根本否定的意義。江迅就曾深刻地指出過，「這種由上而下的統治觀，不僅表現在民進黨『國會選舉至上』的執念中，更反映在國民黨處處以『國民所得』為施政評量標準的牧民哲學上。前者以層峰精英抗爭的形式，造成了言論自由的下放；後者則以垂憐體恤的姿態，施捨出經濟成長的物質鴉片。二者注重的焦點雖有不同，然而，根本的統治理論都是傳統中國的精英主義；少數秀異分子總攬決議大權，民間的自發力量，充其量不過是選舉動員時的政治籌碼。……自始至終，權力不曾下放民間，運作形式一直是統治者與被統治者的上下關係，權力核心仍然與民間疏離，中央集權的本

質也始終不變」。[32] 據此，臺灣民間社會理論
在研究進路上主張由下往上的思維邏輯，以替
代自上而下的精英式思路，一如南方朔所謂，
「民間社會的提出，基本上將原有的社會秩序
做了一個顛倒，然後肯定另一種新的歷史詮
釋。它不再看重既有統治者的歷史功能，而看
重人民對歷史的創造功能。」[33]

　　總上所述，我們大體可以達致如下初步或
表層性的結論，臺灣民間社會理論乃是一種視
臺灣民間社會自主自發多元力量的發展為解決
臺灣體制危機前提條件的、以這種力量的發展
為其研究和動員對象的、以自下而上的人民民
主主義替代自上而下的精英主義為研究進路
的、並以民間社會和國家各有獨立運作邏輯為
結構依託、進而確立「民間社會與國家」二元
架構的各種觀點的集合。

二

毋庸置疑，本文上述大致的初步性結論尚無力反映出臺灣民間社會理論的實質性內涵，然而，由於臺灣民間社會理論「孕生」於民間社會力量的發展進程之中，亦即以其作為研究和動員的對象及作為實踐的場域，那麼我們亦只有透過對它研究臺灣民間社會力量發展的一系列觀點做出進一步的梳理，方能洞見臺灣民間社會理論更為具體而確著的訴求或目標設定，以及實現這些訴求或目標的手段，進而發現它所構設的「民間社會與國家」之間的實質性關係。

臺灣民間社會理論對臺灣民間社會多元力量發展的關注，主要集中在政治反對運動和社會運動兩個方面。1971年1月《大學雜誌》編委會改組後第一期（原排順序第37期）對現實政治著力關懷的「書生議政」[34]，以及1975年

8月以「街頭論政」為標示的《臺灣政論》雜
誌的出版[35]，就已經揭開了臺灣民間社會多元
力量發展的序幕。從政治面相觀之，1977年的
「中壢事件」[36]可謂是「三十年來反對派對國
民黨政治權威的第一次公開挑戰，它象徵著一
個日趨自主的社會對強大的黨國的抗拒。從政
治和心理的角度來看，中壢事件成為臺灣戰後
政治發展的一個分水嶺」，[37]亦就是說，這次
事件「使黨外力量第一次突破各地個別反對者
的姿態，而表現出一個整體力量的雛形」。[38]
在這個意義上，我們同意安德魯・蘭森
（Andrew J. Nathan）等人認為[39]1979年「高雄
事件」的發生[40]以及其後以所謂「公職掛
帥」、「山頭主義」的議會路線為主導的民主
政治運動的開展，至1984年《新潮流》雜誌發
表「重建新的反對事業」的發刊詞對前此運動
路徑予以了批判和否定，並主張「現階段的臺
灣民主運動必須和吾土吾民做持續不懈、緊密
貼切的結合。由此出發建立更廣泛的社會基
礎，去動員更深入的多元的社會力量」，[41]此

後，臺灣民間反對力量的發展和抗爭的趨勢日益增大，終在1986年成立民進黨，第一次宣告了一黨政治在臺灣的結束；隨即又有民主自由黨、工黨、民主正義黨的成立，據統計，到1989年春季，臺灣已誕生了二十五個政黨。[42] 以一黨政治到多黨政治為標示的臺灣政治自由化進程，為臺灣的多元政治結構及民主政治奠定了基礎。

　　從社會文化的面相看，臺灣民間逐漸脫離傳統中國的社會發展模式，開始發展出與國家機器不同的社會自主的運動，主要是在二十世紀八〇年代下半葉解嚴以後。因為在1987解嚴以前，臺灣民間社會運動雖有開展，但與政治反對運動在功能上並無多大的分化，「除極少數例外的以外，都在出現後不久即因運動主體之外的政治資源的投入，而迅速政治化，甚至被政治力量操縱，因而使其抗爭的議題迅速化約成政治議題」。[43] 這就使臺灣民間社會力量的發展在1987年解嚴以前大體上沿循著政治的路徑發展，具有鮮明的政治反對色彩。臺灣民

間新社會運動的主要形式表現為新興的社會自
力救濟運動，如消費者運動、環保運動、女權
運動、勞工運動等，其間最為典型的乃是「無
住屋團結組織」驅動的「都市住宅運動」，[44]
它們以「住宅是一種社會權利」的實現為訴
求，同時提出「政黨休兵」、「超越黨派」的
口號以擺脫泛政治化的影響，從而表現出其以
目的自限、尋求新品格為特徵的非政治趨向，
當然不是「去政治」的取向。有資料表明，
「僅是1987年就出現了676次社會自力救濟事
件，這說明一些與政治反對運動並不直接關
聯、甚至連間接關聯都沒有的社會力量，也開
始以街頭為舞臺，直接向威權體制本身挑戰，
且持續增加其強度」。[45]另外，黨外刊物、對
威權體制進行批判的雜誌和期刊，以及評介西
方新興思潮和思想的刊物也逐漸增多，參與了
公共領域文化霸權（cultural hegemony）之爭
奪。

　　然而，臺灣民間社會力量於上述兩個面相
的發展，在臺灣民間社會論者看來，仍存在一

些頗令人憂慮的問題：第一，儘管政治反對勢
力充當了反威權體制政治憲制運動的先鋒，而
且在激盪坎坷的抗爭過程中為臺灣政治民主化
獲致歷史性的進步做出了貢獻，但不可否認的
是，「任何政治組織力量之最終目的都是要掌
握國家機器，所以從民間社會的角度來看，任
何政治組織力量（特別是政黨，包括反對黨）
在本質上都是國家機器的一部分」；[46] 換言
之，臺灣政治反對力量是要向國民黨攘奪國家
機器，就這個意義而言，政治權力的重新分配
之於他們便具有著第一順位且最為重要的意
義，至於整個價值體系的重新評估以及國家與
社會之關係的重新調整等問題，不是力有未逮
就是未曾兼及，所以在尋求新的反支配聯盟的
動員方面並不成功，而在國家與社會再結構，
尤其是在形成民間社會力量的整體性等方面更
是無力建樹；第二，國民黨威權統治的危機，
並不意味著民間社會力量的必然解放，更不意
味著民間社會自主自律空間的必然確立，因為
它的壓迫性的國家機器依舊強大且有效地守護

著這一「利維坦」並支配和控制著社會；另一方面，經濟上的危機亦非民間社會形成自主空間的直接驅動力，一如安東尼奧・葛蘭西所言，「可以肯定地講，經濟危機本身不能直接造成主要的歷史事件；它們只能創造比較有利的基礎，以傳佈一定的思維方法、提出和解決那些包括國家生活發展整個下一過程的問題的方法」。[47] 此外，臺灣民間社會運動的抗爭意識有不少停駐於經濟利益的「討價還價」層次，理想品格不高；第三，由於臺灣特殊的歷史原因，形成了國民黨與民進黨之間的「統一」或「住民自決」的具有高度意識形態味道的論戰，但是此一論爭已經跨越了黨派間的紛爭，對臺灣民間社會力量的發展形成了嚴重的障礙，並導致民間各種力量在發展進程中出現衝突和分裂。「所謂『統獨迷思』，不過是各個陣營面對臺灣體制危機，為了在危機四伏的險境中，讓臺灣取得行動上的主動性所發展出來的各種『理論』……。可是，由於各陣營所提出來的『理論』，都失去實踐的意義；因此，

各家『理論』反而構成了新的意識形態迷障，
阻礙了社會解放運動的具體實踐」。[48]

　　透過對臺灣民間社會多元力量所具有的歷
史性意義和結構性意義的認識以及對這一進程
中所存在的問題的思考，臺灣民間社會論者一
方面強調透過有機知識分子（organic intellec-
tuals）的努力、介入和詮釋去避免民間社會力
量的發展受其他空洞且脫離實踐的思潮或理論
或論爭的影響而分裂或對抗，因為在他們看
來，「日常生活中具體個人的不滿抗爭所內含
的道德潛能，必須在有機知識分子緊銜現實、
持續耕耘的論述編織中，才能提升到足以與宰
制霸權相抗衡的反霸權位階」；[49]另一方面又
指出需要將民間社會運動中以經濟利益為標的
的抗爭意識提升到相對於國家機器的政治面
相、將政治反對運動的奪權意識與其他社會自
主抗爭意識整合起來，變成重新確立歷史意義
的民間空間爭奪運動，從而使原本零星的社會
運動抗爭以及政治反對運動轉變成具有整體意
義的廣泛的聯盟行動。然而，最為重要的是，

臺灣民間社會論者認為，臺灣社會必須把握住
國民黨政權已處在不得不釋放更多的能量和資
源給民間社會自我管理的「危機管理的危機」
的[50]臨界點以及民間社會力量正處於蓬勃發展
的時刻，以期在理論與實踐的互動中，推進一
場更為深刻的民間社會為求民主政治的解放運
動，借用江迅的話說，「這是一種不斷向前的
運動；或是基於主體性的展現而抗爭（人文主
義），或是基於生活實踐規則的重組而反抗
（結構主義），二者都邁向外在束縛的不斷解
放」。[51]

　　　從上述臺灣民間社會論者對臺灣民間社會
力量發展的分析和研究中，我們大致又可以爬
梳出如下幾個要點：第一，臺灣民間社會論者
認為，對於臺灣民間社會的歷史——結構性意
義，「重要的是，把『人民的力量』落實到具
體的民間社會多樣實踐、自主空間的張揚成長
來考察」；[52]儘管民間社會的發展要揚棄和批
判「任何特定時空下的外在形式（如國家、民
族、階級、政黨）以及任何超個人的神聖主體

（如上帝、道德使命感）」，但並不是要弘揚虛無主義，「因為主體所認同的是人民民主抗爭過程中所產生的自主自律空間」。[53]據此，臺灣民間社會理論便形成了臺灣民間社會整體發展的首要目標，即民間社會自主空間的擴大以及自治力量的增強。然而，這一目標並不是終極目標，其終極目標毋寧是威權政治的解體、民主政治的實現；從更廣義的範圍講，「唯有透過以人民為主體的勢力，才能解除國家支配霸權，對臺灣政治的民主化、經濟的自由化、社會的正義等才會有幫助」。[54]這兩個目標之間的關係，借用提曼錫・亞許（Timothy G. Ash）論及東歐政治反對力量戰略時的說法，「對於他們來講，重建『市民社會』本身既是目的，又是實現政治變革（包括國家性質的變革）目的的手段」。[55]第二，臺灣民間社會理論認為，臺灣民間社會自主自律空間的確立，如上文所述，乃是以「國家」為對應面的；換言之，所謂民間社會，在南方朔看來，「在政治學上是國家之外的人民自主部門，或者是經

濟學上相對於國家支配的部門」。[56]此處需要
強調的是作為臺灣民間社會對應面的臺灣的
「國家」性質，即以政治經濟利益共生共利複
合結構為基礎的威權統治：能參與這一統治體
制之政策形成的，只局限於經該體制所認可的
少數人或集團，而由此形成的政策則強制使一
般民眾接受。因此，臺灣民間社會自主自律空
間的確立，乃是「面對以國家資本主義為基
礎，以……『黨—國家體制』為動員及制裁體
系之『民間社會』的再現」。[57]臺灣民間社會
理論把臺灣威權體制作為臺灣民間社會自主化
進程的對應面，顯然蘊涵這樣一個邏輯，亦即
第三，臺灣民間社會自主自律空間的獲致，係
於對威權性質的「國家」的解構，因為「臺灣
社會不同於西方社會之處就在於臺灣的『國家』
相當強大，臺灣不論走向那一個方向，國家解
組一定要進行，否則連初步的民主也不可能建
立，因此國家解組相對於臺灣社會的歷史性是
非常必要的」。[58]在臺灣民間社會論者那裏，
臺灣「國家」的解構，需從兩個方面展開，一

是經濟與國家的分野，亦即南方朔等人所主張
的將國營企業轉變為民營企業的「拍賣中華民
國」及「反對國家壟斷資本」的論題，使民間
社會獲致不受國家干預的經濟自律品格；二是
社會與國家的分化，他們指出，「唯有經由國
家與民間社會的分化，才能避免國家由上而下
的全權支配，並將國家權力運作納入民間社會
由下而上的管制。」[59]這一層面的分化，更多
的是政治意義，即民間社會在獲致外在於國家
的生命以後，便積極運用其參與國家政治並監
督國家權力運作的權利（或稱作對公共領域的
爭奪）。然而，無論是經濟的與國家分野，還
是社會的與國家分化，並不是自然而然就能達
致的，「唯有透過不斷的爭取抗爭」，才能落
實到民間社會改革領域的不斷擴大和鞏固。[60]
因此，臺灣民間社會自主自律空間這一目標的
實現，憑依的是民間社會對威權統治的持續不
斷的抗爭或對抗手段。從學理上講，臺灣民間
社會理論所構設的「民間社會與國家」這一形
式二元結構的實質性內涵，就可以從上述的分

析中抽象為以民主政治等為終極目標的「民間
社會對抗國家」的關係框架。

三

　　臺灣民間社會理論所確立的民間社會自主
化以及政治民主化的目標、所倡導的由下而上
的思維進路以及理論與實踐勾連的學風、所主
張的社會與國家分野進而達致「民間社會與國
家」的二元形式結構等等，無疑對於臺灣當下
的政治民主化進程以及臺灣自身發展理論的建
構都具有諸多正面的、甚至是歷史性的意義。
[61]然而，本文更感興趣的是臺灣民間社會理論
中具有實質性意義的「民間社會對抗國家」關
係架構所存在的一些學理性問題、所可能對現
實實踐產生的誤導，甚或對原本合理的形式結
構及其設定的目標所埋下的負面因子。
　　第一，臺灣民間社會理論所構設的「民間
社會對抗國家」的實質性關係架構中蘊涵著這

樣一種判斷，即臺灣政治民主化進程以及臺灣民間社會的顯現，都源於臺灣民間力量自下而上的驅動，而這一判斷內在的邏輯展開便是民間社會自主自律的結構性空間的獲致以及民主政治的實現等目標，只能憑靠民間力量由下而上的抗爭或對抗；從自上而下的面相觀之，這不僅意謂著臺灣民間社會論者對「國家」在臺灣政治民主化和臺灣民間社會發展進程中曾做出的正面型塑功用的否認，亦意謂著他們對「國家」在未來民間自主目標及民主政治目標實現過程中所可能做出的正面作用的否定。然而，這種判斷以及由此導出的結論卻是錯誤的，至少也是偏面的，因為此一判斷源出於對臺灣歷史實踐的（無論是有意的亦或是無意的）非客觀的誤讀。

　　1.臺灣民間社會理論對臺灣政治民主化進程的歷史實踐的誤讀。如前所述，臺灣民間社會力量的發展及其對國民黨威權統治的衝擊，對於臺灣威權統治發生轉型並最終達到政治自由化，起到了不可估量的作用。然而，依據政

治發展理論，任何政治變遷的動力可能源於下層或社會，也可能源於上層或國家，一如奧蒙所言，「政治體系只是社會的一部分，挑戰也可來自社會內部的變化。……當政治精英人物為了建設宏偉壯觀的紀念碑，或是為了建設一支足以征服鄰國政治體系的軍事力量，或是為了增加國內民眾的福利，而謀求支配越來越多的資源時，他們自己也會向政治體系提出挑戰」；[62]所以臺灣威權政治轉型或變遷亦具有兩種動力的可能性。換言之，雖然臺灣民間社會多元力量構成了促進臺灣威權政治變遷的一種動力，亦即臺灣民間社會論者所謂「自下而上的民主工程」，但其不是臺灣威權政治變遷的唯一動力。臺灣的歷史發展實踐表明，臺灣威權政治變遷的另一種動力乃來自臺灣當局，故此，有些論者甚至將其放大解釋為是「一種自上而下的民主工程。」[63]在筆者看來，臺灣威權統治的轉型或變遷，實際上並不是任何一種單向動力的結果，毋寧是一種「自下而上」與「自上而下」的互動性民主進程，是兩種動

力（即國家與社會）之間緊張的結果，亦可謂
之它們合力作用的結果。

戰後國民黨當局的統治，從變遷的角度
看，實際上經歷了一個由「強力鎮壓」階段
（對《自由中國》及雷震等人、高雄事件等政
治反對運動的殘酷鎮壓）經「妥協容忍」階段
（透過黨內外雙方舉行的著名的「五・十餐敘
溝通」會而表現出來的對「黨外公共政策研究
會」這一黨外力量的合法地位的妥協和承認
[64]、在未開黨禁前就對「民進黨」成立的容忍
[65]）至「改革公開」階段（廢除戒嚴法，修改
有關公民結社的法律，開黨禁、開報禁和書禁
等[66]）的過程。臺灣國民黨威權統治經歷這樣
一個變遷過程，具有許多方面的原因，[67]但是
其間至關重要的乃是臺灣當局及其精英對改革
的明智訴求和認同，正如拉瑞・戴蒙（Larry
Diamond）所言，「民主化的最有利的發展就
是國家領導人對這一過程的堅定承諾」。[68]正
是在這個意義上，我們說「國家」在臺灣打破
一黨制確立多元政治結構、保障結社和言論自

由進而邁上民主憲政之路的進程中，具有舉足
輕重的正面功用：它一方面為臺灣政治民主化
的進程提供了制度上的確認，一方面又為臺灣
政治民主化的進一步推進創設了制度上的基礎
和空間。

　　2.臺灣民間社會理論對臺灣民間社會建構
的歷史實踐的誤讀。臺灣民間社會理論以為，
臺灣民間社會空間的獲致乃是憑靠民間政治反
對運動和社會運動自下而上的抗爭，然而事實
亦不盡如此，因為臺灣民間社會自主空間的建
構，從更為深刻的角度看，恰恰首先不是政治
上的，而是經濟上的（這與東歐公民社會的建
構之路完全不同[69]），它具體表現為臺灣因資
本主義的發展而導致社會在經濟一面與政治領
域的分野，王振寰曾恰當地強調過這一點，
「八○年代臺灣社會的活動力基本上可以看成
為臺灣資本主義發展的結果」；[70]德力克亦
說，「儘管市民社會／公共領域不可化約為資
本主義，但是日益發展的資本主義經濟卻是國
家與社會間新型關係所賴以存在的一個條

件」。[71]而臺灣的資本主義發展，是臺灣當局自上而下策動並推進的，這是臺灣現代化發展進程的一個不爭特徵。

　　國民黨一到臺灣便推出兩項「新政」，一是土地改革。土地改革的意義之一是臺灣的地主交出自己的土地，而從政府債券中獲致補償；他們進而在臺灣當局的鼓勵下運作這些債券作為資本轉入對工業生產的投資，推動了臺灣最初調整階段的工業化進程。「新政」之二是臺灣當局對民營工商業的扶植。僅1948年9月至12月，從大陸流入臺灣的資金就達2,794億元舊臺幣，比1948年臺幣發行總額還多740億元。這些資金當然不全是民營企業所有，但民營資本至少上占一半以上。[72]與此前後，國民黨還把從日本人手中接收過來的461家日資或日臺合資企業出售給私人，這就進一步擴大了私人資本的規模。到1954年，臺灣的民營企業已達127,000家，占臺灣工商企業總數的96%，資本額占工商企業總資本額的49.7%。[73]另外，臺灣當局在1950年以後推行「儘量縮

小民生工業之範圍」的經濟指導原則，使官營企業與民營企業之間有了一定的「疆域」之分，從而使民營企業得以在較大程度上自主運作。「民營資本之所以能有大發展，除上述諸原因外，還因為臺灣當局在市場保護和稅收政策方面，採取了迥然不同於在大陸時期的新姿態」。[74]臺灣當局的種種扶植性舉措與美援提供的助力以及民營企業自身素質的不斷提高相結合，促成臺灣民營企業在1953年至1977年的二十五年間，以生產增長率平均每年高達18.1%的速度迅猛發展；在五〇年代末，民營企業的產值便超過了國營企業，1978年已躍為後者的四倍，到1985年，民營企業產值在工商業總產值中的比重已達86%。[75]這兩項「新政」及其他輔助性政策，一方面為臺灣出現一個外在於政治權力的以企業家階層的經濟權力為標示的社會提供了物質上的基礎，「這累積了臺灣社會在七〇年代以後開始產生變化的物質基礎，也即在隨著經濟發展而逐漸豐厚的物質基礎上，臺灣的社會力量逐漸加速自我成長，近

代西方意義的、具有相對於國家權威自主性的
『社會』逐漸在孕育中，並開始在與國家權威
之緊張的互動、衝突中展現其歷史作用」；[76]
另一方面，亦是更為重要的一面，乃是這種具
有本文開篇所說的「developmentalist國家」特
徵的臺灣資本主義發展，為臺灣民間社會獲致
外在於「國家」的相對自主自律的品格進而形
成一種結構性力量提供了制度上的發展空間。
在臺灣威權政治的統壓下，在早期，臺灣社會
雖然沒有自主自發地參與政治的自由和權利，
但是這種制度性空間卻為臺灣社會疏離政治和
不參與政治輔陳了一種自由，同時使其享有從
事具有一定自主性的經濟社會活動的自由和權
利；這便是所謂的市民社會的躲避國家政治邏
輯的避風港功能，或從政治學的意義上講，可
以稱為「反政治的政治」（anti-political poli-
tics）。在後期，亦即威權統治從強力鎮壓階段
轉向妥協容忍的階段，隨著民間社會力量在這
一制度性空間中的不斷發展，臺灣社會以進入
公共領域為趨向的抵制國家不合理政策、影響

和監督國家決策的積極性功能亦逐漸凸顯，例如，1978年臺灣有57.1％的選民不涉論政治，但到1985年，這個百分比下降到32.1％；[77]據胡佛和游盈龍的一項調查資料表明，1981年有24％的選民參加選舉的動機是要影響政府政策，而且有11.9％的人認為這是他們參加選舉的最重要的原因；[78]又據胡佛1985年的另一項調查表明，多達85％的人認為他們有權向政府提出異議、有權就政府的各項政策發表不同意見等等。[79]總之，臺灣民間社會的發展乃是一種由經濟而政治的過程，由反政治的政治而參與政治的政治的進程，換用亞賓・高爾諾（Alvin Gouldner）的話說，就是「市民社會能夠增強公共領域的力量，能夠給人們提供一個躲避龐大國家的避風港，能夠提供一個抵制國家的中心」。[80]

　　透過上述對臺灣政治民主化進程及社會自主化發展的分析，我們發現了「國家」在其間的自上而下的正面功能，亦從實踐層面進一步證明了臺灣民間社會的建構以及政治自由化的

實現乃是一個「自下而上」與「自上而下」的
互動性進程的觀點，而且我們有理由認為，這
種雙向的互動將在實現臺灣民間社會自主自律
空間的目標及政治民主化的目標進程中繼續發
揮其能動性。當然，這也從另一個側面證明了
臺灣民間社會理論對「國家」之於民間社會及
民主政治的型塑功能的認知誤區。

　　第二，臺灣民間社會理論為實現民間社會
自主自律空間這一目標所設定的手段，乃是以
「國家」為對立面的自下而上的人民民主抗爭
或對抗。這種以自下而上的抗爭或對抗為手段
來架設「民間社會」與「國家」之間勾連的思
路，無疑蘊涵著要在現實層面起到「統戰」和
「動員」的效用的邏輯，正如何方所言，「由
於民間哲學的架構，把首要對抗關係放在『民
間社會』與『國家』之間，所以便有民間社會
內部應當團結起來一致對外的意思。在當時較
具體的所指，便是希望反對運動（黨外）不要
搞統獨之爭，以免分裂（化）黨外力量；」
[81]
　　；蔡其達亦指出，臺灣「民間社會對抗國家」

架構「透過新的社會結盟形式，使得進步人士
及受壓抑、愛宰制的群體得以結合，第一次躍
上中國／臺灣的歷史舞臺，並徹底撼動了黨國
威權體制的基礎」。[82] 從另一個面相觀之，以
自下而上的對抗或抗爭為其手段的「民間社會
對抗國家」這一框架又反過來強化了臺灣民間
社會理論的實踐品格和動員性格。然而，如果
說1987年解嚴以前，臺灣民間社會由於面對國
民黨強力的政治宰制而設定「民間社會對抗國
家」的框架，具有一定的時代合理性的話，那
麼在解嚴以後，亦即在臺灣威權統治已趨於解
體、多元政治結構業已形成，並開始從政治自
由化向政治民主化過渡的階段，「民間社會對
抗國家」的架構尤其是它所主張的對抗鬥爭手
段就顯然遇到了一個很深刻的合理性問題。姑
且不論其合理性如何，此處需要指出的毋寧是
以對抗為手段的「民間社會對抗國家」這一實
質性架構所可能具有的誤導。

　　1.臺灣民間社會理論以為，「目前臺灣所
顯現的最主要意義是anti-state movement，而

它對往後的政治民主、經濟平等和國家與民間社會關係的總調整都有anti-state moveent的義涵」，而且「以目前臺灣的現狀而論，它的差異並沒有抵消到它的同質性，如此它的意義就表現出來了。」[83] 從邏輯上講，以對抗或抗爭為手段的「民間社會對抗國家」的框架在這裏具有兩層蘊涵：一是它把民間社會自下而上的對抗國家關係做無限放大，將國家與民間社會之間所可能具有的衝突、妥協、和諧、合力等極為複雜的互動關係化約成民間社會對抗國家的單一性質關係；二是它把民間社會內部個人、群體、社團之間多質多構的極為複雜的關係[84] 做樂觀地低調處理，進而凸現並導引民間社會對國家的對抗。這兩種蘊涵都具有對國家在民間社會內部發生不可自律之糾紛時應具有的仲裁權威角色以及在民間社會出現影響整個社會事件時應具有的干預和制裁角色的否定性趨向，實質上乃是對無政府狀態的虛無主義誤導。據此，德力克所言「國家與社會的界分，並非在國家和社會疆界上停止，而是在既包容

私人利益又含括公共利益這一互相重合的市民社會自身之中又再度出現。易言之，儘管社會宣稱公共領域對抗國家，但它本身卻因私人的與公共間的矛盾而分裂，而這就促使國家又重新作為公共領域的保護者出現，」[85]就頗值得引起我們高度重視了。再者，臺灣「民間社會對抗國家」架構中的上述兩項蘊涵，從其對臺灣民間社會與國家關係的更深層面觀之，無論如何都具有宣稱民間社會與國家之間關係的同質性[86]（亦即對抗性質）的趨向，其實質乃是對社會泛政治化的誤導；此外需要強調的是，「民間社會對抗國家」框架對「社會泛政治化」的誤導，從學理上講，之於剛剛擺脫國民黨「威權政治」統治的臺灣社會，具有不可估量的潛在危害性，因為「泛政治化」的社會與「極權或集權政治」的社會只距一步之遙，極易相互轉換；從政治發展理論來講，「泛政治化」的社會很難或幾乎不可能達致任何具有共識的健全的政治秩序，「各種社會勢力都赤裸裸地互相對立」，「富人賄賂、學生暴動、工

人罷工、暴民遊行……」，[87]所以極容易轉化為或「集權」、或「極權」或「威權」的統治，套用亨廷頓的話說，「控制整個體系的權力處於不斷變化之中，而政治制度的不健全則意謂著權力和職位是易於取得的和易於喪失的」。[88]卡爾‧迪特里希‧布拉赫爾則更明確地指出，在一個面臨危機的群眾性民主時代裏，大規模的群眾運動和社會政治變革，「構成了這樣一種可能性，即只要出現社會危機，未來的領導者就可以進行動員。這時，感情上對安全和秩序的需求、理想化地對能有一種解決所有問題的有效的政治信條的渴望……，都變得十分強烈。到那時，這些刺激因素將會與相信只有將所有權力集中於一個權力中心的信念結成一體。」[89]

2.臺灣民間社會理論所構設的以自下而上的對抗或抗爭為手段的「民間社會對抗國家」這一實質性框架，由於強調民間社會的「統戰」、具有強力的動員造勢性格、主張對抗國家的手段等等，在許多方面都呈示出太過意識

形態化的趨向，並集中表現在其以民間社會作
為抨擊國民黨的一種藉口的方面，一如何方所
言，臺灣民間社會理論的欲求，「當然最明顯
的是『反國民黨』，因為『民間對抗國家』很
容易簡化為官民對抗，（因此把civil society翻
譯成『民間社會』就非常重要，『市民社會』
的譯法就難達此戰略效果）在一般人的心中，
民間哲學清楚地劃出『統治（國家）──被統
治（民間）』的界線，立刻孤立了國民黨政
權；民間哲學就成了『造反哲學』」[90]。因
此，「民間社會對抗國家」又由於具有意識形
態化趨向或反對強權國家／腐敗國家的符號表
徵，以及臺灣不曾經驗過西方民主政治制度化
的過程而只具有大一統的傳統政治文化積澱，
所以就極易勾連人們對它所載承的歷史的記
憶，在欲求西方民主政治目標的「民間社會對
抗國家」架構與中國傳統政治文化中的「民反
官」式權力運作邏輯之間畫等號，進而把人們
誤引入對當下臺灣政治發展的現代取向的曲
解。查特傑曾尖銳地指出，「我以為，在反對

社會主義官僚體制的鬥爭中援引國家─社會對
抗模式，只會產生某種類似尋求再現西歐歷史
的策略」。[91]查氏這段質疑「國家─社會對抗」
模式在社會主義政制中的效用及合理性的文
字，之於臺灣民間社會理論亦具有比照意義，
只是前者係對西歐歷史的誤導，而後者係對中
國傳統歷史的誤導。撇開這兩種誤導之間的內
在差異不談，此處緊要的是指出，中國傳統政
治文化中「民反官」式政治權力運作邏輯與那
種以具有共識的健全的政治制度為基礎的民主
政治運作邏輯的完全南轅北轍。在中國傳統政
治文化中，恰如林毓生所言，「假如在位的皇
帝很腐敗的話，從儒家政治思想來看，腐敗的
皇帝就不是皇帝，既然不是皇帝，老百姓就有
權利起來打倒他，再另找一位真正秉承天命的
人來繼承王位」，[92]由他來「產生民立命、為
萬世開太平」。儘管中國傳統政治文化賦予了
這種政治運作邏輯以很高的道德蘊涵，但在現
實中，由於這一邏輯全然不知曉民主政治運作
之前提乃是權力的「公共」性、可分配性、多

元性，民主政治運作之機制可以是競爭、妥協、合作等手段，以及民主政治制度有法律、政黨和選舉等等，所以它往往淪為根本不具現代性格的家族式政治運作邏輯。在這種運作邏輯中，權力是私有的、不可分割的和一元的，因此權力之更替亦是一元式的、打天下式的，亦即那種「你死我活」的「零和博奕」方式（zero-sum game）。

　　第三，亦與上述分析緊密相扣的是，臺灣民間社會理論所構設的「民間社會對抗國家」這一實質性架構由於對歷史實踐的誤讀而導致的對「國家」正面功能的否定以及因主張由下而上的對抗或抗爭國家的手段而可能產生的種種誤導及趨向，致使它在研究臺灣經濟發展與政治發展向度的中介環節（即臺灣民間社會的建構）時，儘管設定了以實現民主政治為其終極目標，但卻缺失了對臺灣在這一民主進程中的政治穩定問題的嚴肅思考。

　　政治發展理論認為，威權統治實現對民主政治的目標的轉型，一般需要完成兩個條件：

一是傳統的政治秩序的被打破或被變革，二是
新的政治秩序得以確立，套用亞當‧普瑞渥斯
基（Adam Przeworski）的話說，一是舊的威
權權力機器已經瓦解或解構，二是新的政治力
量選擇民主制度作為他們必須在其中為其利益
之實現而競爭的政治架構。[93] 就其第二個條件
觀之，我們又可從中剝落出兩層涵義，一是確
立實現政治民主化的目標，二是謀求透過民主
制度的建構而實現政治穩定的目標。從學理上
講，政治民主化與政治穩定這兩項目標之間具
有一種緊密相關的關係，因為政治民主化實際
上是對傳統體制進行變革，而這種變革就蘊涵
有某種政治不穩定的潛在可能性，所以推進政
治民主化就不得不關注政治穩定的問題。

　　就臺灣當下政治發展的狀況言，恰如上文
所述，傳統的政治秩序的打破已成為不爭事
實，換言之，臺灣政治發展表明它已經實現了
上述威權統治轉型的第一個條件，因此達致建
設新政治秩序這個條件便成為臺灣真正完成威
權統治向民主政治轉型的迫在眉睫的大任務。

　　然而，作為一個後發型地區，臺灣政治發展欲
實現這個條件，首先就遇上了政治發展邏輯所
提出的一個問題，即如何選擇或協調臺灣向其
政治體系提出的政治民主化與政治穩定的雙重
目標。這個問題之於臺灣具有頗為重要的意
義，因為西方早發型國家完成其從「專制時代」
到「民主時代」的政治發展邏輯，幾乎用了三
個世紀的時間，而且在這一進程中，借用亨廷
頓的話說，「在一個時期內一般只解決一個問
題或應付一項危機」；[94]然而在臺灣，由於現
代化的發展速度比西方早發型國家要快得多，
所以它從「威權時代」至「民主時代」的政治
發展邏輯就不得不在很短的時間內完成，而且
在這個「歷史壓縮」的時代，最為關鍵的，從
政治發展角度來看，乃是政治民主化與政治穩
定這兩項緊密勾連的目標必須同時提出；這種
「同時性」的問題在亨氏那裏，就是「中央集
權化、國家整合、社會動員、經濟發展、政治
參與以及社會福利等諸問題，不是依次，而是
同時出現在這些國家面前」。[95]此外，臺灣政

治發展欲實現建立新政治秩序這一第二條件，
還遇到了蒲島郁夫論及南朝鮮時提出的問題，
「南朝鮮於1987-1988年透過國民的直接選舉產
生了總統，開始走上民主化的道路；南朝鮮能
否把民主化引向成功，主要看其政治體制能否
承受伴隨著民主化而產生的激烈的政治參與的
壓力。」[96]在臺灣現代化的過程中，城市化的
推進、識字率和教育水準的提高、工業化的發
展、大眾傳播媒介的興起，以及西方早發型國
家民主政治之於它的「示範效應」等等，致使
社會動員的能力大大增強，提高了臺灣人民對
於政治的意識和需求，進而高速擴張了政治參
與。從另一個面相觀之，「臺灣政治仍處在一
個隨時可以逆轉的不確定狀態，從已經瓦解的
舊威權權力機器分散出去、但仍未被民主制度
規範的權力，在某些條件下仍會集中起來形成
新的威權權力機器」。[97]這裏就產生了社會動
員和政治參與的擴大、但政治制度卻「不配套」
的問題，亦即是政治制度的發展落後於社會和
經濟的變革的問題。

　　臺灣政治發展倘若要解決上述「同時性」和「不配套」兩個問題，進而實現政治民主化和政治穩定兩項目標，恐怕不得不首先由不同群體、社團和組織共同達致建立具有對彼此都具權威約束力的民主政治制度的共識，爾後在這種共識的基礎上竭力尋求新的民主政治制度的建構並在這種制度中進行競爭、妥協、合作等形式的政治運作。恰如亨氏所言，一個社會「要成為一個共同體，那麼每個群體就應透過政治制度來行使自己的權力，這種制度可以調節、限制、疏導這種權力，以便使一種社會勢力的統治與許多其他社會勢力的共同體和諧共存。」[98]

　　然而，不無遺憾的是，臺灣民間社會理論，作為一種宣稱要謀求社會與「國家」關係再結構以及力圖民主政治目標實現的理論，卻未能理性地關注和嚴肅地回答上述問題；這就難免令人對臺灣民間社會理論之於臺灣民主政治目標的實現的意義究竟為何予以警省了。

注　釋

[1]
　　參閱杭之，〈臺灣社會的歷史性挑戰〉，載《二十一世紀》，1991年第5期。杭之還指出，「Developmentalist國家」的特徵對臺灣政治轉型的發展有著重大影響。因為它一方面建立國營企業，形成壟斷性的國家資本，構成了臺灣威權統治的物質基礎之一，它另一方面還扶助或放任私人資本積累，使社會有自主發展的物質基礎，這回過頭來衝擊了威權統治的正當性；但是，這種私人資本在一定程度上依靠當局，所以又有著一定的局限性。

[2]
　　筆者鄭重聲明，此處及以次文中援用「國家」一詞，絕不說明筆者認為臺灣是一個國家，相反，臺灣是中華人民共和國的不可分割的一部分。只是考慮到臺灣學者的措詞習慣及本文論述之便利，才使用此一詞語。

[3]
　　Neil H. Jacoby指出，「與飛速的社會、經濟發展相反，臺灣在1951年到1965年期間在政治結構方面沒有什麼變化」。參見Jacoby, Aid to Taiwan, *A Study of Foreign Aid, Self Help and Development*, New York, Praeger, 1966, p. 11.

[4]
　　所謂「政治自由化」，是沿用臺灣學者的術話，係指原處威權統治下的政治空間的開放，即承認其他非執政黨的合法地位、言論自由、結社自由等，但因未完全變革既有的政治體制（如「國安法」未取消），而

且新的民主政治制度尚未確立，故與「政治民主化」
做出分渭，以示區別。

[5]
Ts'ai Ling and Ramon H. Myers, "Surviving the Rough
and Tumble of Presidential Politics in an Emerging
Democracy, The 1990 Elections in Taiwan", in *China
Quarterly*,? 1992, No. 129, p. 123.

[6]
臺灣現代化發展還涉及有：儒家文化的創造性轉換與
臺灣資本主義的發展、臺灣精英政治與政治民主化進
程、臺灣的小農制及地方自治與臺灣經濟政治發展等
諸多問題；然而考慮到「經濟發展與民主政治」的關
係實際上業已成為現代化理論或發展理論領域中的一
起學術公案，所以本文擬以此分析構架作為研究的一
個出發點。

[7]
金耀基，〈臺灣的個案研究──後儒學文化中的民主
探索〉，載《二十一世紀》，1993年第17期，頁142。

[8]
參閱Dankwart E. Rustow, "Transition to Democracy:
Toward a Dynamic Model", in Comparative
Politics,?April 1970, pp. 33-36；另參閱阿爾蒙德在
《比較政治學》一書中開列的多伊奇、利普塞特等人
的觀點；《比較政治學》，上海譯文出版社，1987年
版，頁431。

[9]
塞繆爾‧亨廷頓，《變革社會中的政治秩序》，華夏
出版社，1988年版，頁6；G. A. Almond也指出，
「現代化可能朝著自由民主的方向邁進，但也同樣可

能朝著威權政治的方向邁進」。見Almond, "The Development of Political Development"，轉引自金耀基，見上引文，同注[7]。

[10] 塞繆爾·亨廷頓，見上引書，頁35-36。

[11] 「經濟發展與民主政治」分析架構未能對其間的社會予以正面關懷，而「政治社會學」（Political Socialogy）於本世紀中葉的誕生，可以從另一個側面反映出「經濟與政治」構架的不足。參閱《布萊克維爾政治學百科全書》「政治社會學」條目，鄧正來主編譯，中國政法大學出版社，1992年版，頁572-574。

[12] 參見筆者與景躍進先生所撰〈建構中國的市民社會〉，載《中國社會科學季刊》（香港）創刊號，1992年11月總第1期；另見拙文，〈市民社會與國家——學理上的分野與兩種架構〉，載於《中國社會科學季刊》（香港），1993年5月總第3期。另見John Keane, *Democracy and Civil Society*, Verso, 1988.

[13] 「經濟·市民社會·國家」的三元分析框架，參閱Jean L. Cohen and Andrew Arato, *Civil Society and Political Theory*, The MIT Press, 1992, Preface; John Urry, The Anatomy of Capitalist Societies: The Economy, Civil Society and the State.

[14] 參閱蔡其達，〈打開「民間社會」史——一個反宰制論述的考察〉，載《中國論壇》，第336期，頁23；何方，〈從「民間社會」論人民民主〉，載《當代》，臺

灣，1990年3月第47期，頁39；1975年，《臺灣政論》
雜誌曾搭起過「民間輿論台」，但並不曾發展出「民
間社會」的概念，更未有「民間社會理論」的建樹。

[15]
參閱江迅，〈謝長廷對趙少康：意識形態的黃昏〉，
載《南方》，1987年4月第6期；文亦台，〈打破迷
思，只是理解的開始〉，載《南方》，1987年5月第7
期；木魚，〈從「民間哲學」到「民間社會理論」的
確立〉，載《南方》，1987年6月第8期；木魚，〈人
民的力量〉；江迅和木魚，〈為民間社會辯護〉，載
《南方》，1987年8月第10期。

[16]
Arif Dirlik，〈當代中國的市民社會與公共領域〉，載
《中國社會科學季刊》（香港），1993年8月總第4期，
頁18-19。

[17]
同上，頁18。

[18]
安東尼奧·葛蘭西，《獄中札記》，人民出版社，
1983年版，頁180。

[19][20][21]
　　　江迅和木魚，見上引文，頁34。

[22]
所謂「階級化約論」（class reductionism），係指將各
種社會關係都用階級的概念加以統合，簡單解釋成階
級關係。

[23][24]
　　　江迅和木魚，見上引文，頁34。

[25]
阿爾蒙德和鮑威爾，《比較政治學》，上海譯文出版
社，1987年版，頁448。

[26]
臺灣學者在分析臺灣政治體制時，有的學者將其界定
為威權統治，即「能參與這一統治體制之政策形成

的，只局限於經體制所認可的少數人或集團，而由此
形成的政策強制使一般國民接受」，參見杭之，上引
文，頁42。但是亨廷頓在界定authoritarian rule時卻
指出，「政府壓抑政治權力。在這種制度下，幾乎沒
有政治爭論和競爭，但政府對社會中其他群體及經濟
的控制是有限的」。見〈亨廷頓談權威主義〉，載《新
權威主義》，經濟學院出版社，1989年版，頁315。
筆者以為，亨氏的定義更加準確，能與「極權主義」
和「民主政治」區分開來。

[27]

參閱杭之，〈政經利益共生共利複合體下的臺灣政治
發展〉，載《邁向後美麗島的民間社會》（下冊），臺
灣：唐山出版社，1990年版，頁75。

[28]

江迅，見上引文，頁40。

[29]

同上，頁41。

[30]

同上，頁40。

[31]

木魚，見上引文，頁28-29。

[32]

江迅，見上引文，頁39-40。

[33]

南方朔，〈如何看待民間社會（座談會）〉，載《中國
論壇》，第336期，頁22。

[34]

《大學雜誌》編委改組後第一期刊有陳鼓應的〈容忍
與瞭解〉、張俊宏的〈消除現代化的三個障礙〉、邵雄
峰的〈臺灣經濟發展的問題〉、陳少廷的〈學術自由
與國家安全〉等文章，對臺灣政治經濟方面做出革新
要求，而且調門越拉越高。但是，其核心成員中多為
國民黨員，所以在臺灣，有些人並不認為它是「黨外」

刊物,而只是「智者與權者的結合」雜誌。1973年
初,《大學雜誌》編委會在國民黨的壓力下解體。

[35]
1975年8月,康寧祥等人創辦《臺灣政論》雜誌。該
雜誌「發刊詞」宣布了其宗旨,即「搭起民間輿論的
發言台,在批判官僚制度的行徑上,在閉鎖的環境中
所造成的諸種不合理的現象,發揮掃除髒亂的功
能」,從各種角度抨擊國民黨的統治體制。《台灣政
論》只出了5期,即被國民黨在1975年12月27日勒令
停刊。

[36]
1977年11月,臺灣舉行五項地方公職選舉(省議員、
縣議員、市議員、縣轄市長、縣長),桃園縣由許信
良出面競選縣長;11月9日,桃園縣中壢市支援許信
良的一萬多名選民包圍該市警察分局,抗議處理選務
不公。後發生爭執、衝突,選民縱火燒毀八輛警車和
六十輛摩托車,砸碎警察局門窗,爾後國民黨未加追
究,許信良以二十二萬張票對十三萬張票戰勝國民黨
候選人,順利當選。

[37]
金耀基,見上引文,頁148。

[38]
杭之,〈臺灣黨外民主運動的初步考察〉,載上引書
(上冊),頁48。

[39]
參閱Yang sun Chou and Andrew J. Nathan, "Democra-
tizing Transition in Taiwan", in *Asian Survey* 27,
1987, pp. 277-299.

[40]
1979年11月,《美麗島》雜誌社的活動成為臺灣上下
關注的焦點。從11月中旬起,該社在臺灣各地連續舉

辦了十幾次大規模的集會，時有衝突發生。12月9
日，黨外人士不理睬國民黨的禁令，群集高雄；12月
10日發生大規模衝突，《美麗島》方面工作人員有四
十多名受傷，軍警方面有一百八十三人受傷。12月
13日，國民黨突襲逮捕十四名黨外領導人，同時勒令
《美麗島》雜誌停刊。

[41]
　見1984年《新潮流》雜誌創刊號「發刊詞」。

[42]
　參閱Ts'ai Ling and Ramon H. Myers，見上引文，
p.123。

[43]
　杭之，〈社會運動的本質〉，見上引書（下冊），頁
240。

[44]
　「無住屋團結組織」由板橋小學教師組成。他們露宿
街頭，發表《蝸牛主義宣言》，指出「所有動物中我
們最羨慕蝸牛，因為它們都擁有自己的房子、自己的
家。房子是它們生命的一部分，是它們最基本的權
利，是它們生活尊嚴的保障」。

[45]
　杭之，〈臺灣社會的歷史性挑戰〉，見上引文，同注
[1]，頁45。

[46]
　杭之，見上引文，同注[43]，頁244。

[47]
　安東尼奧·葛蘭西，見上引書，頁155-156。

[48]
　江迅，見上引文，頁41。

[49]
　木魚，見上引文，頁32。

[50]
　「危機管理的危機」，係指「近兩年來臺灣社會爆發
的形形色色自力救濟（為了污染、毒害、雛妓、掘
墳、貪污……）以及各個領域的自主化運動（學校、

司法、工會、媒體……），正是不正義宰制結構長久
積蘊的焦慮不滿（所謂『民怨』），在這一歷史時刻多
重矛盾聚匯及沿襲過去危機管理控制方式的失效。」

[51] 木魚，見上引文，頁29。

[52] 江迅，見上引文，頁41。

[53] 木魚，見上引文，頁32。

[54] 江迅和木魚，見上引文，頁38。

[55] 南方朔，見上引文，同注[33]，頁22。

[56] Timothy G. Ash, *The Uses of Adversity*, London:
Granta Books, 1989, p. 246.

[57] 蔡其達，見上引文，頁25。

[58] 南方朔，〈國家・資本家・人民〉，載許津橋和蔡詩
萍編《一九八六臺灣年度評論》，臺灣，1987年版。

[59][60] 南方朔，見上引文，同注[33]，頁12。

[61] 江迅和木魚，見上引文，頁36、38。

參閱筆者與景躍進先生的上引文；在該文中，我們雖
未詳盡討論臺灣民間社會理論的問題，但是我們所論
及的有關市民社會理論研究的一些正面意義，無疑亦
適用於臺灣民間社會理論。故此處不贅。

[62] 阿爾蒙德和鮑威爾，見上引書，頁25。

[63] 金耀基在《二十一世紀》1991年第3期所發表的〈中
國發展成現代型國家的困境：韋伯學說的一面〉一文
中，曾敏銳地指出，「在臺灣，民主的發展在很大程
度上是由『國家』與『社會』間的一種新的力量平衡
推動起來的。」（頁57）但金氏接著卻說，「相對於

國家而言，臺灣之社會的力量呈現出與日俱增之勢，
而應該指出的是，這些社會力量的出現卻正是國家本
身的產物而已」；（頁57）後一種觀點似有過度放大
國家的功用之嫌；此處需要強調指出的是，金氏在
《二十一世紀》1993年第17期所發表的〈臺灣的個案
研究——後儒學文化中的民主探索〉一文中，更是明
確無誤地把臺灣政治發展進程界定為「自上而下的民
主工程」（頁148），完全肯定了其前此的觀點。然
而，這種臺灣民主政治發展進程中社會與國家的互動
關係誤讀為國家一面單相性的決定作用，顯然具有
「新國家主義」的趨向。金氏對Theda Skocpol等人所
倡 "Bringing the state back in" 的觀點比較青睞（前
文，頁58），或許就有此蘊涵了。

[64]
1984年5月11日由「選舉後援會」人員共同成立「黨
外公共政治研究會」。針對「公政會」決定在各地成
立分會組織的行動，黨內黨外由蔣經國親自安排陶百
川進行「溝通」。陶百川、胡佛、楊國樞、李鴻禧
「四君子」作為中間人請黨內外人士的代表「餐敘溝
通」，達成妥協。但是需要指出的是，這種妥協與
「制度下的妥協」有很大的不同，Myers等人就曾指
出：「他們不具非正式討論和達成政治交易的經驗，
而這卻是民主政治的標示，所以，在遇到批評或挑戰
時往往傾向於做較強的反應，採取極端的立場，甚至
趨向於以拉邦結派的方式來實現他的目標。與此同
時，他們亦尋求解決派系鬥爭的機制，例如，求助於

『長者』或『政治掮客』，這些人被認為是有能力透過有效地訴諸友誼、倫理觀念或共享的政治承諾等手段而緩和派性鬥爭的。」見*China Quarterly*, 129, March 1992, pp. 125-126.

[65] 1986年9月28日，一百三十餘名黨外人士提出成立「民主進步黨」組黨籌備會的提案，獲一致通過。同日通過新黨的黨名、黨綱、黨章等決議。國民黨對黨外人士此舉行動，基本上持容忍態度。蔣經國甚至表示「此時此刻對於成立新黨問題，應持容忍和諧立場」。

[66] 1986年10月15日蔣經國主持國民黨中常會，原則決定解除臺澎地區戒嚴令，另在憲政體制下，制定「國家安全法」，以保障臺灣的安全及社會安定。同時，將取消黨等，修正《非常時期人民團體組織法》和《選舉罷免法》，以規範政治團體和各類民眾團體的活動。1988年1月1日起正式解除「報禁」，即解除了自1951年6月10日起實行了三十七年的報紙登記限制和解除了自1955年起實行了三十二年的報紙增張限制。

[67] 這方面的原因很多，除臺灣民間社會多元力量的衝擊因素之外，至少還包括中國大陸迅速推進現代化和法制建設，國際威望日高的因素，因為臺灣當局想搶民主的形象而不甘落後；另外就是美國對域外極權政治的支援減弱：在菲律賓，美國支援阿基諾夫人與馬科斯競選，而後者落敗；在南朝鮮，美國壓制金斗煥，

迫使其結束軍事獨裁，鼓勵金大中等派反對勢力；在
臺灣，美國對黨外勢力也大表同情。

[68]
Larry Diamond, "Beyond Authoritarianism and
Totalitarianism: Strategy for Democratization", in *The
Washington Quarterly*, Winter, 1989, p.151.轉引自金耀
基，〈臺灣的個案研究——後儒學文化中的民主探
索〉，載《二十一世紀》，1993年第17期，頁150。

[69]
東歐國家中「公民社會」的重建，具有著完全不同於
臺灣的背景，這個問題極為複雜，筆者擬另文專論，
此處簡而歸納為：第一，東歐始終存在著一個可以躲
避國家壓制的外在於國家的獨立空間，即教會；第
二，東歐在歷史上經歷過民主政治的洗禮；第三，東
歐戰後受蘇聯軍事力量的壓抑太大，致使東歐人民要
求擺脫蘇聯的控制而回歸歐洲｜第四，「歐洲」這一
整體性地理概念具有著強烈的召喚義涵；第五，東歐
各國國內官僚壓制及經濟落後的嚴重態勢；這些因素
都促成東歐社會力量從一開始就提出顯明的政治目
標，Mojmir Krizan認為，公民社會包括下列組成部
分：「一切人自由平等的原則；法治原則；表達個人
需要、利益、意圖的自由，試圖說服他人接受自己觀
點的自由，對這種自由的保護制度就是公域；結社自
由；承認個人之間和社會集團之間利益經常衝突這個
事實，並將調節衝突的機制制度化；存在使civil
society和國家之間關係穩定化的機制，使社會避免國
家干涉得到一定保障；立法保障獲取和處置財產的自

由。」參見王紹光,〈關於「市民社會」的幾點思考〉,載《二十一世紀》,1991年第8期,頁109-110。這個定義更多地強調了「公民」一面的法律義涵與政治義涵。因此,筆者認為,東歐國家「公民社會」首先不是經濟上的,而是政治上的。

[70]
王振寰,〈出現中的市民社會及其限制〉,載《二十一世紀》,1991年第5期,頁59。

[71]
Arif Dirlik,見上引文,頁19。

[72]
劉進慶,《戰後臺灣經濟分析》,日本:東京大學出版會,1975年版,頁70、213;轉引自黃嘉樹,《國民黨在臺灣》,南海出版公司,1991年版,頁117。

[73]
劉進慶,見上引書,頁115;轉引自黃嘉樹,見上引書,頁118。

[74]
黃嘉樹,見上引書,頁112。

[75]
同上,頁128。

[76]
杭之;見上引文,同注[1],頁44。

[77]
魏鏞,《向穩定、和諧革新的道路邁進:從六次民意調查結果看政治發展趨勢》,臺灣:政府出版物,1986年5月5日;轉引自金耀基,見上引文,同注[7],頁151。

[78]
胡佛和游盈龍,〈選民的投票動機〉,載《社會科學論叢》,台灣大學出版社,1985年10月第33卷,頁34。

[79]
胡佛,〈臺灣地區民眾對政治參與的態度:系統功能的權力價值取向〉;轉引自金耀基,見上引文,同注

[7]
，頁152。

[80]
Alvin Gouldner, *The Two Marxisms*, N. Y.: Oxford University Press, 1980, p. 371.

[81]
何方，〈從「民間社會」論人民民主〉，載《當代》，臺灣，1990年3月第47期，頁40。此處需要指出的是，何方認為臺灣民間社會理論在欲求打破「統獨」論戰方面，沒有成功。

[82]
蔡其達，見上引文，頁25。

[83]
南方朔，見上引文，同注[33]，頁16。

[84]
其實，臺灣民間社會與「國家」的關係極為複雜，在某種意義上甚至可以視為不同質。例如，臺灣的中產階級的崛起，實際上是憑藉國民黨當局的扶助和放任政策，這就規定了它在很大程度上的對「國家」的依賴性和非獨立性，因此，在臺灣的政治發展中它往往與政治反動勢力和其他社會力量不同，表現出對「國家」的親和性，甚至是支援。

[85]
Arif Dirlik，見上引文，頁19。

[86]
參見注[84]。

[87]
塞繆爾·亨廷頓，見上引書，頁191。

[88]
同上，頁192。

[89]
《布萊克維爾政治學百科全書》「極權主義」條目，鄧正來主編譯，中國政法大學出版社，1992年版，頁771。

[90]
何方，見上引文，頁40。

[91]
Partha Chatterfee, "A Response to Taylor's 'Modes of

Civil Society' " , *Public Culture*, Fall 1990, p. 130. ; 轉引自 Arif Dirlik: "Civil Society/Public Sphere in Modern China",載《中國社會科學季刊》,1993 年8 月總第4期,頁13。

[92] 林毓生,《中國傳統的創造性轉化》,三聯書店, 1988 年版,頁90。

[93] 參見 A. Przeworski, "Some Problems in the Study of the Transition to Democracy" , in *Transitions from Authoritarian Rule: Comparative Perspectives*, eds. By O'Donnell, The Johns Hopkins University Press, 1986.

[94] 塞繆爾・亨廷頓,見上引書,頁47。

[95] 同上。

[96] 蒲島郁夫,《政治參與》,經濟日報出版社,1989 年 版,頁49。

[97] 杭之,見上引文,同注[1],頁47。

[98] 塞繆爾・亨廷頓,見上引書,頁10。

市民社會　　　　　　　　文化手邊冊 56

著　　　者／鄧正來

出 版 者／揚智文化事業股份有限公司

發 行 人／葉忠賢

責任編輯／賴筱彌

執行編輯／鄭美珠

登 記 證／局版北市業字第 1117 號

地　　　址／台北市新生南路三段 88 號 5 樓之 6

電　　　話／(02)2366-0309　2366-0313

傳　　　真／(02)2366•0310

E-mail／tn605541@ms6.tisnet.net.tw

網　　　址／http://www.ycrc.com.tw

郵政劃撥／14534976

印　　　刷／偉勵彩色印刷股份有限公司

法律顧問／北辰著作權事務所　蕭雄淋律師

初版一刷／2001 年 10 月

I S B N／957-818-315-1

定　　　價／新台幣 200 元

國家圖書館出版品預行編目資料

市民社會 = Civil　Society / 鄧正來著. -- 初版. --
　　台北市：揚智文化，2001 [民 90]
　　　面；　公分. -- （文化手邊冊；56）
　　參考書目：面
　　ISBN　957-818-315-1（平裝）

　　1. 社會

541.1　　　　　　　　　　　　　　90013443